周原甲骨研究

朱歧祥著

臺灣學生書局印行

周原甲骨研究

朱歧祥著

臺灣學生書局印行

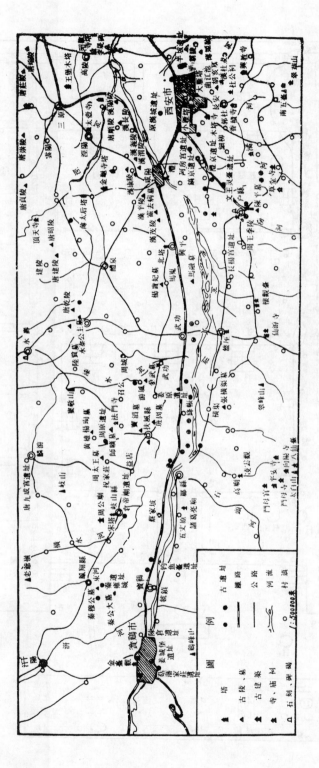

周原遺址位置圖

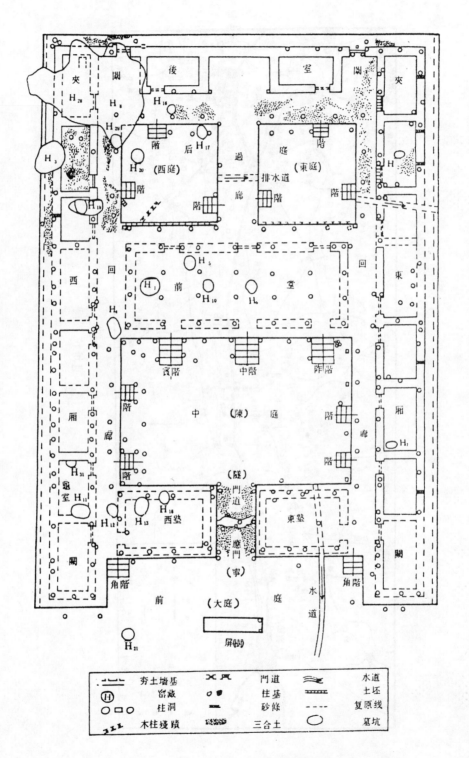

鳳雛西周甲組建築基址平面圖

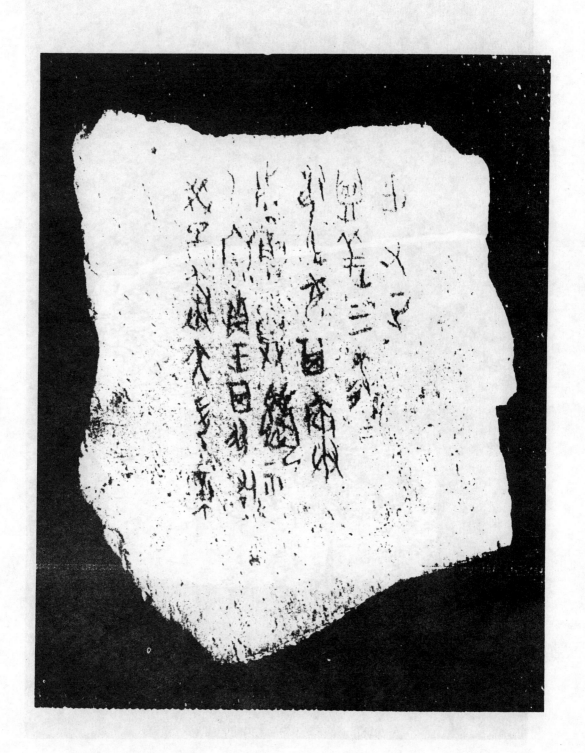

序言

　　殷墟甲骨文發現到明年便踏入一百周年了，對於甲骨學的研究自然是值得回顧的日子。甲骨學經歷三代人的努力，發展至今。我算是甲骨學第三代研究工作者中的小老弟，但在這古文字浩瀚的學界中不覺亦已學習了二十個年頭，也正開始品味著盛年的歲月。猶記七年前（1990 年 3 月）我在台灣中正大學中研所連續作了兩次演講，談的是〈甲骨學九十年的回顧與前瞻〉，對於甲骨學今後的發展，我整理出十項未來研究的方向：

一、材料的系統整理與推廣

二、甲骨文字形本義的分析

三、由斷代分期歸納甲骨文的引申義和假借義

四、甲骨斷片的繼續綴合

五、甲骨文文例的整理

六、甲骨文文法的研究

七、斷代的方法

八、成套卜辭的研究

九、殷墟以外的甲骨文研究

十、橫面的對每一個殷王歷史作斷代的綜合研究

其中的第九項談到多宗西周甲骨的出土，我說：「其中陝西鳳雛村出土的周原甲骨，無論在量和內容而言都是極為重要的。它可以補足由殷過渡至周的一段歷史，使我們能比較清楚了解殷、周間的關係。今後我們研究甲骨的大方向，恐怕亦會由商代的甲骨進而至周代的甲骨。」然而，觀察最近十年來學界對於周原甲骨的研討，很遺憾的並沒有如預期般的熱烈。究其主因有三：一是處理材料的困難。周原的甲骨片多殘缺，而且都是小塊，文字的刻畫很淺、細微

1

而草率。本身的條件就不利於研究工作。加上這批甲骨出土後分別為不同單位列管，一般學人要親睹實物，並不容易。當時拍攝的照片卻模糊不清，不易核對。而目前能看到的描本又多主觀的筆畫，可信度更是降低。這都增添了許多解讀上無法克服的困難。二是人材的問題。誠如王國維先生所說：「古來新學問起，大都由於新發現」，甲骨的出土，隨著羅、王、董、郭四堂的鑽研，使甲骨文研究成為一門國際性的顯學，吸引了一代優秀學者的參與。然而，這些年由於楊樹達、唐蘭、容庚、商承祚、于省吾、胡厚宣、姚孝遂等重要甲骨學者的先後逝世，和張政烺、李孝定、張秉權等先生的退休，同時後繼人員缺乏完整的培訓計劃，讓甲骨的研究明顯的產生乏人指引和接棒的危機。大師的凋零，加上社會形態的改變，研究人員在質和量上都受到威脅。因此，對於新出土的材料往往眾說紛紜，而許多說法又流於輕率比附的無奈現象。這是古文字學界中一嚴重的問題，也是周原甲骨許多研究課題無法落實和定於一的原因。三是由於大陸近年出土的各種文物太多，在人力本就不足夠的情況下，學人更難長期的集中研究。特別是近十年大量發現的簡帛文字，掀起了另一個研究熱潮，許多學人因此轉移了研究的重心。這也是周原甲骨的討論未能持續拓大的原因。此外，在研究方法上無法突破前人，甚至若干學者仍停留在主觀擬測的早期研究水平，對問題缺乏深層的看法，也是近年研究周原甲骨沒有進一步成果的原因。目前的周原甲骨研究，連最起碼的斷代問題，仍是一個懸案，更惶論利用這些材料通盤的剖開早周文化和歷史之謎。

　　我一再強調，考釋文字必須要由文例入手，不能離開字義單純的去解釋字形。文字是要表達語言，因此對於每一個字的了解都不應是孤立的。任何文字的考釋都是為了要通讀上下文。無論如何理解文字的字形和讀音，如果這些理解無法落實回到文句中的解讀，這種考釋是沒有太大意義的。如同一個「又」字，可以讀為又、讀為右、讀為有、讀為佑、讀為侑等用法，我們無法單由字形來判斷它的實質用義，而必須根據文例來作字形和字義間的指引橋樑。如同一個「雨」字，除了象下雨之形外，我們必須判斷它在句中的詞性，明白它在材料中是屬於名詞抑或動詞，如此才能掌握對「雨」字更正確的認識。古文字中一字多體、同形異體的現象甚多。要確實認識一個字，必須先具體的在句型、詞性、字義等方面歸納和考量。這樣，對於文字的考釋，才會有一客觀的標準。本書嘗試運用殷周甲金文的文例，逐一檢視周原甲骨的文字。希望對這293版有字甲骨的時代和內容，有比較正面的認識。

本書的一些篇章，過去曾發表於海峽兩岸的學術研討會中：

1、〈釋奴〉（1991），中國文字學國際研討會，台灣輔仁大學。

2、〈周原甲骨辭例考釋三則〉（1992），海峽兩岸漢字研討會，北京師範大學。

3、〈殷周甲骨中其字用法探微〉（1992），中國古文字第九次年會，南京大學。

4、〈周原甲骨釋文正補〉（1993），中國文字學國際研討會，台灣中央大學。

5、〈周原甲骨字形初探〉（1993），甲骨學會會刊創刊號。

6、〈由王字論周原甲骨的斷代〉（1995），台灣靜宜大學中文系學術研討會。

7、〈由貞字論周原甲骨的斷代〉（1996），第三屆先秦學術研討會，台灣高雄師範大學。

8、〈由虛字的用法論周原甲骨斷代〉（1996），第二屆國際中國語法研討會，北京大學。

9、〈釋正—兼論周原甲骨斷代〉（1996），中國文字學會議，天津南開大學。

10、〈周原甲骨考釋二則〉（1997），第八屆中國文字學全國學術研討會，台灣彰化師範大學。

這些文章如果確能呈現一絲真的東西，或者提出一些真的看法，顯然都是來自歸納一手材料的結果。本書的順利完成，首先要感謝陝西考古所徐錫臺先生惠賜部份放大的周原甲骨照片，讓我能比較清楚的核對若干描本的優劣。其次，葉秋蘭、胡雲鳳二君細心的幫忙，完成中文打字、編列索引的工作，並提出個別的意見，彌覺珍貴，謹此致謝。

一九九七年五四夜序於台中理想國，
並遙念失落的五四精神。

周原甲骨研究

目錄

上編　周原甲骨文考釋

提要

周原甲骨的出土，為近代考古的一重大發現。它提供了研究殷周歷史文化的第一手資料，亦幫助吾人建立甲骨過渡至金文的重要橋樑。然而，由於該批甲骨文字結體的細微，照本和描本又不清晰，加上主觀的推測在在影響它出土的價值和可靠性。本人曾就徐錫臺、陳全方兩家的考釋，分別就字形、文例、讀法、從闕等方面提出補正，撰成〈周原甲骨文考釋正補〉一文，發表於一九九三年三月中央大學所舉辦的第四屆中國文字學研討會中。本編考釋是在上文補正的基礎上擴充，希望能對周原文字有一正確認識，聊盡研契者的一點貢獻。

一、前言

　　自清代末年洹水之濱出土靈龜，歷經甲骨四堂羅振玉、王國維、董作賓、郭沫若等先輩的整理，甲骨文的研究逐漸發展成為顯學，提供吾人了解上古史、古文字學的一手材料。然而，由於甲骨文字釋讀的困難，加上殘辭斷片，無法由上下文徹底了解文字的用意，讓吾人對於許多甲骨文字的認識，仍停留在主觀的臆測。一九七七年春在陝西岐山鳳雛村早周的宗廟遺址發現了一萬多片甲骨，其中有字的甲骨多達三百版，是繼殷墟甲骨以後的另一重大發掘。它呈現了有關商周二部族間的直接史料，讓今後甲骨學研究的重心方向，由殷商擴展至早周文化。

　　按目前的考古資料看，周原甲骨的出土地望是屬於早周遺址。根據徐錫臺先生《周原甲骨文綜述》第四頁所引錄的考古報告，周原甲骨的出土地是一組宮殿（宗廟）建築基址。基址南北長45.2米，東西寬32.5米。整個基址座北朝南，其中包括前、中、後（東、西）庭與前堂、後室、東西門塾、東西兩列廂房、迴廊、過廊。建築的左右對稱，結構嚴謹，布局整齊有序。此係一在整片夯土台基上的高台建築，且為土石結構。在基址的西廂二號房間內，第十一號和三十一號窖穴中出土了一萬七千多片甲骨（其中的十一號窖穴出

土甲骨一萬六千多片，帶字甲骨二百八十多片；三十一號窖穴出土甲骨四百多片，帶字甲骨九片。）。與甲骨同坑出土的有乳形袋足鬲和素面磨光黑色盆、尊殘陶片。上述窖穴是打破房基地面掏挖而成的，説明房基始建的年代早於這些窖穴。基址中出土的木炭，經炭 14 測定為公元前一千一百年左右燒製的。由此推測，宮殿基址的始建年代當在早周王季末年或文王初年。

吾人對於這批周原甲骨的初步認識，是：

1.周原是早周時期的宗廟所在地，也是周人王朝的發祥地。
2.甲骨是散佚的方式置於坑中。甲骨與紅燒土渣、沙粒、蚌殼、錐形棒器、玉器、象牙器、海貝及少數陶片共置。因此，該 11 號和 31 號坑並非專門有系統的儲存甲骨的窖穴，甲骨只是隨意堆置或棄置在諸雜物中。
3.甲骨有可能分別為商人和周人所刻，各具有特殊的習慣用語和文例。屬於商人所刻的，文詞比較完整而詳盡；屬於周人所刻的，字形刻寫輕率，文句簡省。有許多甲骨只單刻一字，可能是周人的試刻或習刻，至少不是屬於恭謹的占卜記錄。
4.屬於商人所刻的甲骨有記載祭祀商王先祖，例與殷墟卜辭相同，但屬於周人所刻的，卻鮮見有祭祀周王先祖的例子。商、周之間刻寫甲骨的性質恐有不同，而商人所刻的甲骨在當時可能是作為一種範文來參考和保存。
5.同坑甲骨多「一字多體」的現象，可知並非同一時期所刻。如于作[illegible]、[illegible]，佳作佳、唯，貞作[illegible]、[illegible]，王作[illegible]、[illegible]、[illegible]，保作[illegible]、[illegible]，乍作[illegible]、[illegible]，往作[illegible]、[illegible]，吉作[illegible]、[illegible]。
6.同一版甲骨中，偶有兼具商、周的用語或特殊字形，這現象目前並沒有一個很合理的理由加以解釋，但明顯的是周原甲骨可以視為殷卜辭與周金文間的過渡材料。
7.周原甲骨背面常有方形的鑽，與殷墟甲骨鑽鑿形式不同。這應該是周人用龜的特性，抑或是殷帝辛時商人的改革？目前尚待定。

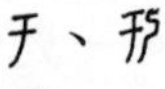

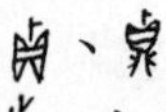

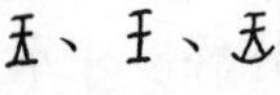

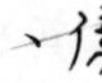

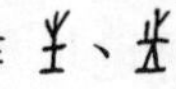

周原甲骨一般字形細小，結體草率殘缺，筆道與骨紋常混淆不清，此外若干辭例與殷卜辭並不一致，因此，後人辨認這批文字出入很大。周原的發現，距今二十年，唯許多問題一直沒有辦法解決。這批寶貴的甲骨材料也未能發揮它在古文化研究上應有的價值。目前根據周原的實物資料，全面考訂這批甲骨文字的專著有二：一是

徐錫臺先生的《周原甲骨文綜述》(三秦出版社，1987 年 4 月出版)、一是陳全方先生的《周原與周文化》（上海人民出版社，1988 年 9 月版）。然而，兩書所附的照片極不清晰，描本的字形形體間又有出入，隸定、考釋和讀法的差別更是多不勝數。其中的原因主要是文字本身刻寫的細微，加上考釋者在沒有足夠証據底下作出大膽的判斷、主觀的推想，遂構成了許多各説各話的現象。以下，首先分類羅列徐、陳二家説解可能錯誤的地方，後人在徵引這幾條材料時宜加以避免或作進一步説明:(一)釋字:〈H11：14〉的剎、〈H11：12〉的尤、鵂、〈H11：17〉的箙、狐、〈H11：18〉的眔、〈H11：29〉的鵬、〈H11：46〉的喻、達、〈H11：48〉的洒、〈H11：59〉的牛、〈H11：62〉的馬、〈H11：63〉的門、〈H11：69〉的休、殷、〈H11：97〉的征、〈H11：119〉的次、〈H11：121〉的瓜、〈H11：123〉的火、〈H11：164〉的若、〈H11：184〉的鬼、〈H11：185〉的魯。（二）國名、人名:〈H11：4〉的微國、〈H11：14〉的楚伯、〈H11：33〉的邢國、〈H11：52〉的周、〈H11：70〉的周公旦、〈H11：87〉的受、商、〈H11：110〉的巢國、〈H11：132〉的秦、〈H11：136〉的密須、〈H11：222〉的周、〈H11：220〉的且乙、〈H31：5〉的密城。（三）官職:〈H11：4〉的師氏。（四）紀時:〈H11：2〉的月望、〈H11：8〉的六年、〈H11：13〉的既魄、〈H11：26〉的既吉、〈H11：39〉的佳二月、〈H11：47〉的大還之時、〈H11：48〉的既吉、〈H11：55〉的既死魄、〈H11：57〉的壬申、〈H11：75〉的今春、〈H11：83〉的今秋、〈H11：128〉的乙酉、〈H11：144〉的甲申、〈H11：174〉的乙旦、〈H11：225〉的六旬、八旬。（五）地理:〈H11：9〉的河、〈H11：23〉的上虢、〈H11：30〉的河、〈H11：51〉的豐京、〈H11：54〉的黃河。（六）詞例:〈H11：11〉的西示、〈H11：37〉的茲考、〈H11：38〉的王卜、〈H11：47〉的大還之時、〈H11：64〉的亡年、〈H11：85〉的既魚、〈H11：83〉的後哉、〈H11：96〉的乙牢、〈H11：124〉的旱裘、〈H11：168〉的上胄、〈H11：171〉的元斗。（七）讀法:〈H11：3〉的讀法，宜由左而右，作:「衣王田，至于帛，王隻田」、〈H11：92〉的讀法，宜由內而外，作:「呼見龍☒」「莫」、〈H11：130〉的讀法，宜由左而右，作「虫正，受又又」、〈H11：189〉的讀法，宜由左而右作:「正，王受☒其五。」「曰:吉。」。以上諸版內容，徐、陳二家的考釋恐怕都是有問題的，而待進一步的考核。

　　吾人為了使這批文字能眞實的成為可用可靠的材料，並充份反

3

映它的歷史價值，更為了讓甲骨學能建立在科學的客觀層面上發展，實有必要對前人初步的考釋工作重新檢視，和對紛紜的意見提出合理、平實的看法。以下，僅就徐、陳二家的考釋異同，嘗試提出個人的補充，分別就斷代、考釋、語譯三部份加以說明。其中的斷代以出現最下限的材料為標準，考釋文字以關鍵的文例為主，字形為輔，儘量不用孤證來判斷。釋文中對於：奴〈H11：1〉、正〈H11：1〉、敊〈H11：4〉、卲〈H11：5〉、𣪕〈H11：14〉、即〈H11：26〉、盡〈H11：84〉、杫〈H11：108〉、𠂇〈H11：123〉、㒸〈H11：127〉等字義提出一些新的看法。希望透過是次考釋的全面核對，對於周原文字的了解，能夠有一點幫助。

二、周原甲骨文考釋

H11：1　癸子（巳）彝文武帝乙宗，貞：王其卲（昭）祭成唐（湯）鼎，𢦏（禦）奴二女，其彝血牡三、豚三，叀又（有）正（禎）？

【斷代】　商人甲骨。証據：（1）彝祭文武帝乙宗，即在商王紂父親帝乙的宗廟中舉行祭祀。本版刻寫甲骨和貞問的史官，自宜為商人。（2）「彝在某先王宗」一文例，見殷第四、五期卜辭。如〈集32360〉：「甲戌卜，乙亥王其彝于祖乙宗？茲用。」〈集38223〉：「☐彝在中丁宗？在三月。」（3）時王祭祀的對象為殷開國的祖先成湯。（4）禦祭其祖祭牲奴若干，例見殷晚期卜辭。如〈集702〉：「貞：禦婦好于父乙𠀠宰㞢𡚽、𠕋十宰、十奴、𡚽十？」〈集22589〉：「☐三奴女」，此與本版祭牲的「奴二女」用義相同。（5）癸作 ⨳、巳作 ㄗ、王作 王、字形與晚殷卜辭相同。（6）「王—其—動詞」的句法，見於殷墟卜辭而不見用於兩周金文。（7）「叀正」的用法與殷卜辭同；詳下編〈釋正〉，參見天津南開大學中國文字學研討會論文。

【考釋】　彝，宗廟之常祭也。　貞，從卜作 𡆥；為商人習用字例，與〈H11:84〉、〈H11:112〉、〈H11:174〉三版同。說詳拙文〈釋貞〉，參見下編。卲，字見〈H11：82〉，讀為昭，明也。《尚書．益稷》：「以昭受上帝。」昭祭，言盛大的祭祀。徐文釋此為卲。卲有高、美的意思，於文義亦通。祭，像人張手有所禱於示前，諸家釋祭，唯字不從肉，或宜為祝字。殷墟甲骨的祝字作 𥘅。鼎，字上

首模糊不清，唯照片隱約可見左角從彐。陳全方釋為鼎，不確。今從徐錫臺釋作龏。龏，為宗彝一類，殷卜辭已見用此圓形禮器祭祖，稱：「龏尊」。〈甲849〉：「卒歲龏障，王受又？」〈南明504〉：「叀茲祖丁龏，受☒？」奴，徐錫臺、陳全方二氏（以下簡稱徐、陳）皆隸作艮；核諸照片放大圖像，徐氏描本字形較正確，字象手從後執人，人膝跪從之，宜隸為奴是，從卩從女可通，如娗作㛄、又作㛄是。說詳下編〈釋奴〉，參見輔仁大學舉辦第三屆中國文字學國際學術研討會論文。叀又正，徐文作「西有正」、陳文作「叀又足」；其意皆有可商。卜辭的日字用法有三，一作西、一作曰、一作叀字省。互較殷卜辭習見的「弜又正」例，本版的日宜為發語詞的叀字之省，與惟同。「叀又正」，當讀為「惟有禎」，言冀求禎祥的意思。這和〈H11:28〉的「叀亡咎」正可以對比來看。

【語譯】　癸巳日在文武帝乙的宗廟中舉行祭祀，貞問：時王（商紂）盛大的用龏來祭祀先祖成湯，禴祭時用女奴二人為牲，並在宗廟用活的公羊三頭、小豬三頭的血來祭祀，冀求能擁有禎祥。

H11:2　自三月至㺇（于）三月，月唯五月叀尚。

【斷代】　周人甲骨。証據：（1）月中置閏，與晚殷卜辭用法相同。（2）「自某時至于某時」、「于幾月」例均見於殷卜辭。如〈英1011〉：「貞：自今至於庚戌不其雨？」〈集5165〉：「壬辰卜，爭貞：王于八月入？」（3）㺇，為于字繁體，亦見於殷第五期卜辭。（4）唯，殷卜辭用為語辭的一般都作佳（隹），但第三期後亦偶有從口作唯。如〈集27133〉：「弜佳？吉。」〈集34479〉：「非佳炆？」互較〈英2397〉：「弜唯？」〈集29696〉：「非唯？大吉。」可見佳、唯二字通用。（5）「唯幾月」例只見用於周金文，而不見於殷墟卜辭。今據最後一項置本版為周人所刻。

【考釋】　唯，徐文釋作望，非是。細審實物照片，該字從口從佳，確為唯字。卜辭並無「月望」之例。本版刻辭明顯的重三月，後一「三月」宜為閏月。「月」字下見重文號。尚，讀為常。

【語譯】　自三月至於閏三月後，月份在五月起（曆法）即如常計算。

H11:3　衣（殷）王田，至于帛，王隻（獲）田。

【斷代】　周人甲骨。証據：（1）衣王，例不見殷墟卜辭，此宜是其他國族對商王的稱呼。如〈沈子它簋〉、〈天亡簋〉。由「衣王」、「王」先後的尊稱，稱呼者該是殷的附庸部屬。（2）殷卜辭並無「獲田」的用法。（3）王字作玉，下一橫畫作弧形，字與晚殷第五期卜辭商人的寫法（王）不同。

【考釋】　衣王，當即殷王。本版李學勤〈周原卜辭選釋〉的讀法次序稍誤。本版讀法宜由左向右，前言「衣王」，後則省稱為「王」；前言「田至于某地」，後接言「獲田」，前後文才能呼應。且於殷卜辭已有「王田至某地」例，可証這種讀法是有根據的。如〈集24446〉：「☑京☑王田至☑獲豕五雉二。在四月。」殷卜辭中只有「田獲」例，如〈集21658〉：「丁丑卜，惟田獲？」〈集195〉：「丙寅卜，子效臣田獲羌？」但並無「獲田」例。「獲田」為周原甲骨的特殊用法。據上下文的語氣，帛字疑作為殷王田狩的周地。殷王田獵至帛，此當為周人的記事刻辭。當時的周應為殷的附庸。

　　葉秋蘭君懷疑本版的「獲」字宜為語詞的「隹」，可備一説。唯本版既定為早周人所刻，此字恐非作「隹」講。理由：（一）殷卜辭用為語詞的「隹」均不從口，但周原的周人甲骨作為語詞「唯」字的已明顯從口，如〈H31：1〉。字形與本版不同。（二）殷人「隹」字用為語詞，絕多見於句首，且多作為對貞中否定句的語詞，與肯定句的「叀」字相對。「隹」字的用法與本版異。（三）殷甲骨沒有「王唯田」例，但卻已有「王獲」的用法。如〈通749〉：「丁卯卜，王大獲魚？」〈存1.1235〉：「甲子卜，賓貞：王獲彔？」〈後下20.17〉：「貞：王不其獲彔？」（四）周金文中「隹」字絕多用為發語詞。「隹」作為句中語助詞的用法最早只見於西周中期懿王的〈卯簋〉：「今余隹令女死嗣葊宮葊人」、孝王的〈三年師兌簋〉：「今余隹疆彙乃令」二例；文獻最早見於《詩.文王》的「其命維新」、《詩.文王有聲》的「王后維翰」，均屬周初以後追述文王之詩。由此可見，「主語—隹—動詞」的用法不見於殷商，亦仍未行於早周之際。（五）本版「獲」字字形與〈H11：39〉一版的「獲二」可相印證。因此本字仍宜楷定為「隻」，讀與獲同。

【語譯】　殷王田獵，至于帛地。王這次田獵有收獲。

H11：4　其敆楚。
　　　　〔乙丑〕叀，師㠯（以）舟叀（燎）。

【斷代】　周人甲骨。本版的中間有縱線刻畫，中分兩條辭例。其中就文例言：（1）「其—動詞—賓語」，（2）干支叀，（3）舟

夐，均見用於殷晚期卜辭。然而就第一條辭例看，楚在殷第三、四期卜辭中出現，但都用為祭祀地名，殷卜辭中未見楚字用法與方國有關的。相對的在西周金文如〈史墻盤〉已有楚的國號。因此，就第一條辭例的用法，此應為周人的句子。本版兩條材料刻寫的時間和內容是否相關連，目前仍待考。本版就刻寫的時間下線暫定為周人所刻。

【考釋】 敳，徐、陳諸氏皆釋作微，指為方國名；不確。卜辭「其」字後接動詞，因此敳字不可能釋為名詞。敳字與伇、𠇷類字同，從長從人亦通用，釋為役。《說文》：「役，戍也。」此言出戍楚方。詳參拙文〈周原甲骨辭例考釋三則〉，北京師範大學主辦的海峽兩岸漢字學術研討會論文。丑，本版作彳，徐、陳二文皆釋作𠬝，似可商榷。由照片隱約可見字中間一豎的紋路，字宜作彳。彳，可隸作又，讀如有。殷第四期卜辭有「又夐」例，與此同。如〈屯969〉：「弜又夐？」〈屯2856〉：「戊子貞：又夐于☒？」〈集34467〉：「癸未☒又夐☒茲用。」彳，又可讀為地支的丑。其前一字描本不清，作乀，或釋為天干的乙字。此謂乙丑日舉行夐祭；於辭義亦通。卜辭有「干支夐」之例。如〈集15529〉：「貞：于庚申夐？」舟，陳文釋為受，然夐為祭祀動詞，卜辭並無「受夐」例，且受夐的對象應為鬼神，但諸家於此謂「某官受夐」，於文意實不可解；非是。徐文釋此字為舠，謂「行船不穩之義」，文義怪誕，恐亦無據。今宜釋夕為舟，其下方的丿形為文飾，無義。「舟夐」，即夐於舟之意。殷第四期卜辭亦有「舟夐」例，如〈屯2296〉：「庚申卜，舟夐二牢？」𠯑，核諸照片，徐氏描本的字形為是，陳氏描本稍誤。字即氏字繁體。殷卜辭作𠯑，以也。「師以舟夐」，即師旅進行夐祭於舟中。徐、陳釋「師𠯑」為一詞，謂「師氏，即軍旅官制的名稱」，恐非是。

【語譯】 出戍楚方。
乙丑日進行夐祭，師旅在舟中夐祭鬼神。

H11:5　卟曰：子。
　　　　召曰：其☒。

【斷代】 周人甲骨。証據：「卟曰」「召曰」，例不見殷墟卜辭。
【考釋】 卟，《說文》：「卟，卜問也。」殷卜辭有「王𪚥曰」例，其中𪚥問的𪚥字在第一期武丁卜辭以降都作𪚥，第五期則作𦣹

，疑即本版卟字的源頭。周人占卜，模仿殷卜辭用䤲辭的方式，據卜兆紋路判斷結果，然字形已有出入。召，或即卟的省體。可是卟字左旁作㠯，召字則作㠯，二字見於同版而異形，因此是否屬於一字的異體，恐仍待深考。陳文釋召為引，作亦解，然字形實不類。「卟曰」後的孑字，陳、徐諸氏均隸作巳，陳釋為「祀」，徐釋為地支的「巳」；均不確。今改釋為小孩的「子」字。「卟曰：子。」為一完整的句子，之後並無其他刻文。句意謂據卜兆卜問的結果，將要生育的是男孩。參以下〈H31：4〉的「卟曰：女」一例，可互較。第二句的「其」字後字殘，或從倒豕；宜闕。徐文釋為亥、陳文釋為逐；皆無據。逐字作豸，不從倒豕。

【語譯】　據卜兆判斷，説：生子。

　　　　　據卜兆判斷，説：其…。

H11:6　卟曰：兹（並）叀克事。

【斷代】　周人甲骨。參〈H11：5〉文例。
【考釋】　本版與〈H11：32〉可綴合，説見陝西周原考古隊〈岐山鳳雛村兩次發現周初甲骨文〉，《考古與文物》1982年第三期。兹，人名。「克事」一詞見於殷卜辭，〈集27796〉：「弜執，呼歸，克饗王事。弘吉。」叀，語詞，讀與惟同，有強調句中動賓語的功能。陳文於此釋為叀，於〈H11：21〉卻又釋為自（斯），顯見其搖擺不定。徐釋此為西。然西字作囟，見〈H11：8〉；此釋西亦非。

【語譯】　據卜兆判斷，説：並能夠勝任吏事。

H11：7　八七八七八五

【斷代】　周人甲骨。論証：（1）五字橫寫作乂，與殷卦象刻文的五作Ⅹ，Ⅹ不同，但與周初金文的〈仲斿父鼎〉的「七五八」、〈董伯簋〉的「八五一」、〈效父簋〉的「五八六」中的五字橫列相同。（2）殷易卦刻文的組合是一、五、六、七、八，共五個數字，可是周原甲骨除此五個數字外，〈H11：235〉還出現「十」，成為完整的三雙三單數目的整合。這和四川理番縣墓葬中的秦陶雙耳罐上所刻的「一六十」可相承接。如〈H11：235〉一版所描的「六六十」是可靠的話，周原的數字刻畫與商人筮法當是同源而又有所開創的。

8

【考釋】　此刻文的六個奇偶數並排出現，與《周易》卦畫的重卦六爻或有關聯。這意見是張政烺先生首先提出來的。徐文謂「它屬《易》中的坎上離下卦。」至於是否單數表陽爻，雙數表陰爻，三數成一組，以及由上而下的讀法，仍待証明。一九七六年出土於岐山賀家村M113號墓有西周早期的饕餮文銅𣪘，上有銘刻「六六一六六一」，形式與此同。該墓葬上壓周成王時墓。相對的殷卜辭中亦有並排數字例。如〈集9268〉有「五五六」，屬殷第一期卜辭；〈集29074〉有「六七七六」，屬殷第三期卜辭；〈屯4352〉有「八七六五」，屬殷第三期康丁時期的牛骨。此兩版數字刻寫的方式，是由骨扇往骨臼一方讀，與同版的正常卜辭寫法相反。〈集29074〉數字旁有卜辭「〔于〕喪，亡戋？吉。」因此，「六七七六」可理解為殷人用筮法占算往於喪地的吉兇兆畫。由此可見這種在甲骨上刻寫數目字以代表卦象或某特殊意義的流變，至少早自殷墟卜辭已開始。周原甲骨明顯受其影響。由殷卜辭運用三或四個數字，過渡到周原甲骨增衍為六個數字的組合，彼此間當有一定的縱線關連。據《周禮.占人》所述，數字宜是屬於筮法，乃是用著草占算出來的卦。卜者把卦兆畫於龜上，再灼龜視其坼，以互驗吉凶。《周禮.宗伯》筮人條謂：「凡國之大事，先筮而後卜。」《左傳》僖公十五年：「龜，象也。筮，數也。」

【語譯】　八七八.七八五

H11：8　☒鬼吏，乎（呼）宀（宅）商西。

【斷代】　周人甲骨。証據：鬼，古方國名。《竹書紀年》：「周王季伐西落鬼戎，俘廿翟王。」此言以鬼為吏，並呼令之宅居商地，可見當為鬼戎已賓服於周以後的事。

【考釋】　「☒鬼」，陳文釋為「六年」，不確。殷卜辭中六字的字形演變為∧、介、介，周原甲骨的時限相當於晚殷，因此六字的寫法不應作∧或乂。由此可知「鬼」前一字並非「六」。徐描本作乂，釋為入，恐怕不正確。此字殘，宜闕。陳文釋「鬼」字為「年」亦可怪異。此字不從禾從人，無由定為年字。卜辭呼字句的主語絕多屬上位者的「王」，或「王」省，文例習作「呼某作某事」，故推斷本辭的斷句應如上釋文。徐文讀作「入鬼吏呼，宅商西」，於文意亦不可通。宀，從人正立處於宀室中，當為宅居字的初文；字始見於殷卜辭。

【語譯】　…鬼族官吏，並呼令彼等宅居商地以西。

H11：9　大出于川☐。

【斷代】　商人甲骨。本版甲骨其實並無文字上的斷代確據，唯「大出」一詞屢見於殷墟卜辭，姑暫定為殷物。

【考釋】　大，副詞。于，介詞，有往或自某地往的意思。川，陳、徐文皆釋作河，非是。河字作𣲖，作𣲖，字形與本版不合。

【語譯】　（某外族）大舉來犯於川…。

H11：10　𣂈（貞）

【斷代】　周人甲骨。〈H11：167〉一版有「王𣂈」例，可參。本版的「𣂈」字單獨出現，位置特殊，未審其具體的用意為何。反觀在周原甲骨中多獨立一個字出現的例子，此疑為周人的習刻。今暫就貞字例置為周人甲骨，參拙文〈由「貞」字論周原甲骨斷代〉。

【考釋】　𣂈，從卜從鼎，借用為貞字。殷卜辭有用鼎為貞。《說文》：「貞，卜問也。從卜，鼎省聲。」參拙稿《殷墟甲骨文字通釋稿》364頁𣂈、𣂈、𣂈、𣂈諸條用法。本版貞字作𣂈，與〈H11：13〉、〈H11：167〉字同，而與〈H11：1〉、〈H11：84〉、〈H11：112〉、〈H11：114〉的𣂈字字形不同。此可作為周人和商人對於同一字的不同刻寫字例。

【語譯】　貞。

H11：11　☐子（巳），王其乎（呼）内史𣂈父陟☐。

【斷代】　商人甲骨。証據：（1）巳、王字形與殷晚期卜辭同。周金文巳字已作𤔔。（2）「王—其—動詞」的用法，常見於殷卜辭而不用於周金文。

【考釋】　王，核對照片，字形當作𤣩，末一橫為直畫，陳、徐描本稍誤。内史，官名；𣂈父，内史名。徐、陳釋「内史」為「更」，謂「繼承他的父親」的意思，恐與上下文不類。一般言「王其呼」，下文都是接王呼令的對象。因此，徐、陳的譯文宜商榷。陟，《說文》：「登也。」卜辭有引伸為「上獻」的意思。例參拙稿《殷墟甲骨文字通釋稿》151頁。「陟」旁有殘字，不識；徐文釋為「西示」，無據。

【語譯】　☐巳日，殷王呼令内史𣂈父上獻…。

10

H11：12　其又（祐）大乍（祚），其☒。

【斷代】　商人甲骨。乍作Ⴑ，字形與殷卜辭的Ⴑ近而與周金文的寫法遠。殷卜辭復有「又乍」例，如〈集31071〉：「重王又乍？」

【考釋】　又，徐文釋作尤；乍，徐文釋作隻，意謂「當過大隻」。此屬主觀的臆度，無據。「又」字上的一豎和「乍」字旁的幾道刻劃皆為骨紋。陳文釋大為立，亦不確。大作木，其下並無橫劃，不應理解為立字。乍，通為祚，獻肉報祭也。《說文》：「祭福肉也。」

【語譯】　舉行盛大的祚祭，以求降祐，…。

H11：13　〔王〕鼎（貞）：即鼣☒。

【斷代】　周人甲骨。由貞字字形証，參〈H11：10〉。

【考釋】　「貞」前一字描本作上，疑是王字之殘。「王貞」例，又見〈H11：167〉。王，徐、陳釋文均作「卜」，然字形亦不類，且備一說。「即鼣」一詞不識，〈H11：26〉有「即吉」，未審用意與此有關連否。即，字作卽，殷卜辭中與卽的用法相同，應為同字異體。字與既字（皀）形似而實異。詳參拙稿《殷墟甲骨文字通釋稿》47頁文例。徐文釋鼣「字從貝，一聲之轉，為魄字」，於此隸作「既鼣」，謂即「既生魄」。然上古音白為並母鐸部（beuk），與貝屬幫母月部（pɑt）或鼎屬端母耕部（tieŋ），均不同韻部。彼此既無聲音通假的條件，徐說恐可商。

【語譯】　〔周王〕貞問：即鼣…。

H11：14　替（林）白（伯）乞（迄）今龝（秋）來为于王，其鼎。

【斷代】　商人甲骨。由文例証：林伯、來奴、其鼎等用法均見於殷卜辭。由字形証：王字作玉，與殷第二至四期卜辭寫法合，應為殷王。參拙文〈由王字論周原甲骨的斷代〉。

【考釋】　替伯，陳文釋為楚伯，非是。徐文釋：「替白，即林伯，見殷墟卜辭：『王其省權於林伯往天，亡災』（鄴3.46.13）」可從，殷第五期卜辭有「林方」。但徐氏又謂「王，當為周王」，實無據。秋，照本的字形不清，徐、陳的描本亦不一，是否確為「秋」字，恐仍待考。今，字作今，與殷卜辭同。殷甲骨的今字至第五期才有作A，下一短橫移貼於斜邊。为，徐氏釋為卭，陳氏釋為臼，讀為斯，皆不確。卜辭辭例言某方伯來，其後宜接所攜貢品之名。

11

如依徐氏字作邟解，邟即禦，用為動詞，與本版作為賓語的名詞位置不合，且卜辭亦無「來邟」之例。反觀卜辭多言「來羌」、「來執」、「來母」、「來奴」等。如：〈集248〉：「今來羌，率用？」〈集27387〉：「甲辰卜，又來執於廳？」〈集31095〉：「丁未卜，今春火來母？」〈集800〉：「壬午▨爭貞：其來奴，不其來執？四月。」爲，字見於殷第一期卜辭，用為奴僕字。拙稿《殷墟甲骨文字通釋稿》53頁謂此字「從卩而首繫飾，垂手膝跪以待命，意亦為奴。首上一橫或象頸項上枷鎖，意與羌、童、妾、僕諸字所配首飾類同。卜辭用為人牲。」如〈集21586〉：「甲子卜，我貞：呼擒獲爲？」〈人2307〉：「己巳卜，來己卯酚王爲？」此版意謂於己卯日酚祭殷王以爲。鼏，字又見〈H31：4〉，徐、陳二氏隸為則，徐氏釋為采地，謂「朁伯至今秋來，分享周王賞賜給他的采地」，此純為擬測之詞，有待商榷。此字應從人從鼎，拙稿《殷墟甲骨文字通釋稿》365頁收有一員字，當與此字相同。字從人置於鼎彝之中，象烹人牲以祭之形。《說文》訛作鼐字：「鼎之絕大者。」卜辭有用本義。如〈寧1.193〉：「于祖丁，用鼏？」字又有用為動詞，泛指用鼎彝烹牲口以祭之意。如〈寧1.193〉：「其鼏兕祖丁？」

【語譯】　林伯及至今秋來貢奴僕於殷王，用為祭祀的人牲。

H11：15　大保今二月往正（征）▨。
　　　　　□□□□

【斷代】　周人甲骨。証據：（1）大保，周官名。《尚書.召誥》：「惟大保先周公相宅。」孔安國傳：「大保，三公官名，召公也。」（2）今，字作，下一橫畫貼邊斜出，寫法與殷卜辭異，與〈H11：14〉版商人甲骨的今字亦不同。反觀周金文〈矢方彝〉的今字作，與此同。（3）保，字作，與殷卜辭作相異，而與周金文的〈叔貞〉作、〈大保鼎〉作相同。（4）往，字作，與〈H31：3〉版的往字相同，唯與屬商人所刻的〈H11：80〉、〈H11：136〉二版甲骨寫法稍異。

【考釋】　「今幾月」、「往征」例，早見於殷早期卜辭。如〈集21586〉：「丁酉余卜，今八月有事？」〈集6728〉：「貞：呼往正？」這可考見周人的語言，基本上都是上承商人用法的。正，讀如征伐的征，字殘，徐、陳釋文均缺，今補。殷第四、五期卜辭習見「往征」、「來征」例。餘一行字，照本、描本均不清，宜闕。

12

大保一職，由本版見兼掌軍政實權。

【語譯】　大保在今二月往征伐…。

H11：16　今 凷

【斷代】　周人甲骨。今，字作今，與〈H11：15〉字同；徐文描本則稍誤。

【考釋】　凷，或即用字，唯與殷卜辭的寫法有出入。殷早期卜辭用字作凷、凷，第三、四期卜辭常作凷、凷。諸用字三豎畫上下均出頭，與本版字形下部平齊的寫法不同。「今用」例，已見於殷卜辭，如〈集22276〉：「叀今癸用」、〈集22215〉：「用今日」。

【語譯】　當日用祭。

H11：17　☑族其 扝（于）〈屮〉☑。

【斷代】　商人甲骨。「其于」例見〈H11：232〉，用法已見於殷卜辭。殷第四期卜辭見「多子族于某地」例，乃「多子族立于某地」之省動詞句式。如〈屯4026〉：「庚寅卜，多子族于舌？」，相對〈集34133〉：「丁酉卜，王族爰多子族立于舌？」〈懷1642〉：「☑多子族立于舌？」等句例，可知上例亦省動詞「立」。卜辭習言「立中人」「立人」「立眾」例，意與「登人」同，即徵召某族為行伍。于，殷第一至五期卜辭均有作于，唯第四、五期始有增繁作扝。因此，本版時間應比〈H11：232〉的于字作于稍晚。

【考釋】　〈屮〉，象屮置於包中，或即芻字初文。在此用為地名。陳文釋為狐，徐文釋作箙，謂「矢簇應放進矢袋」；皆無據。族，殷卜辭習見三族、五族、子族、多子族、族某等用法，已作為親殷諸部族的泛稱，此不應作矢簇解。

【語譯】　…〔某〕部族〔徵召〕於芻地…。

H11：18　☑出自龜☑。

【斷代】　商人甲骨。殷卜辭有「呼某出自某地」例，如〈集8656〉：「庚子卜貞：呼侯徒出自方？」龜，地名，已見用於殷卜辭。

【考釋】　龜，陳文釋作黽，謂「疑是黽塞，即今河南信陽平靖關」，非是。字首尖頭而具背殼，形與龜同，宜釋為「龜」字。在這裡屬於地名，與瀸字通。殷時作為祭祀及田狩地，與戠、河、羌見於同

13

辭。〈集 14363〉：「庚戌卜，豹：勿祷于瀧？」〈集 21099〉：「辛丑卜，責瀧，戋三军？」〈集 199〉：「己卯卜，爭貞：今春令兒田，从戋至于瀧，獲羌？」〈集 34261〉：「囗戋囗瀧囗河。」出，殷卜辭有出巡、出狩、出伐、出現、釋放等意，詳《殷墟甲骨文字通釋稿》63 頁出字條。

【語譯】　…出自龜地…。

H11：19　戁（莽）

【斷代】　周人甲骨。字從莫作茣，殷卜辭的莫字作茻、苜、薔、萝，與此異。殷文字從艸偏旁的，均作屮而罕見作艹者。反觀周金文的艸旁有作艹，如薔作薔〈奩簋〉。

【考釋】　徐、陳二文皆隸作戁。此字從犬莫聲，或即莽字初文，疑未能定。字單獨出現，上下無字，其用意不詳；或為周人習刻。

【語譯】　莽。

H11：20　叀亡告？
　　　　祠自蒿于壴。

【斷代】　周人甲骨。証據：（1）「祠自某地」，用法見於金文而不見於殷卜辭。殷甲骨用祀而不用祠。（2）蒿，地名，字見於殷卜辭和周金文。唯字頭從艹而不從屮，殷卜辭中罕見，反觀〈德方鼎〉作蒿、〈曾姬無卹壺〉作蒿，字形與本版近似。

【考釋】　祠，《説文》：「春祭曰祠。」蒿，徐文謂：「假蒿為鎬，疑鎬為鎬京。周武王姬發定都鎬京。」郭沫若釋〈德方鼎〉時已謂蒿字「通鎬，即鎬京」，見《金文編》蒿字條。互較〈H11：117〉的「祠自蒿于周」，兩版甲骨言祭祀都是由蒿地開始，蒿顯然是當日春祭的重要宗廟所在地。文獻記錄周文王將周都由岐遷至豐，武王時又遷至灃水東岸的鎬京。《詩.文王有聲》：「考卜維王，宅是鎬京，維龜正之，武王成之。」蒿如確為鎬京，則本版刻寫時間宜在武王或其後。壴，徐釋「即豐字。豐是文王所建的都邑。」然在字形上恐仍有待商榷，且壴字用為地名和族稱，早已見於殷墟卜辭，如〈甲 2869〉：「己亥卜，行貞：王賓父丁，歲牢，亡尤？在壴。」徐説恐非。在文法言，「自某地于某地」，此用法是上承殷卜辭，如〈菁 2〉：「王步自戝于醴。」是。叀，肯定句發語詞，有強調語氣的功能，讀如唯。亡，讀與無同。告，《廣雅》：「過

14

也。災也。」《易・訟卦》有「無眚」。本版由內而外讀，兩條辭例似乎沒有任何關連，徐釋於二辭間用一分號（；）顯然是不對的。

【語譯】　是沒有災禍嗎？
　　　　　春祭自鎬至於豆地。

H11：21　曰：昏叀克事。

【斷代】　周人甲骨。昏，人名；見於西周的〈大史友鼎〉。曰，為「弘曰」之省；參〈H11：6〉。

【考釋】　「某叀克事」，文例見於〈H11：6〉。昏，人名；陳釋為祭祀的侑，恐非。

【語譯】　〔據卜兆判斷〕說：昏能夠勝任吏事。

H11：22　虫（崇）白（伯）。

【斷代】　周人甲骨。虫白，即崇伯。徐、陳諸家皆釋為商紂的寵臣崇國君主崇侯虎。本版釋崇伯，可從。虫、崇，古韻皆屬冬部字。唯此稱崇伯，當為文王伐崇以後的事。《詩・文王有聲》：「文王受命，有此武功，既伐於崇，作邑於豐。」崇伯是否即崇侯虎，恐仍待進一步的証據。

【考釋】　本版甲骨上單獨刻「虫白」二字，並無上下文，未明何義。崇伯，當為周人的附庸部族首領。

【語譯】　崇伯。

H11：23　☒于尚㷉☒。

【考釋】　于，介詞，出現時間一般比㠯早。殷卜辭和周金文均有㷉字，都用為地名。徐文釋尚㷉即上虢：「應為東虢」；然徐說不一定可靠。

【語譯】　…在尚㷉…。

H11：24　乍（作）大立。

【斷代】　周人甲骨。乍字作止，字形與殷卜辭遠而近於周金文。

【考釋】　核對照片，「立」字字形以徐氏描本為是。殷卜辭已有「乍大」的殘辭，如〈英25〉：「丁卯卜貞：望古多方示㣍乍大☒

15

七月。」〈集 13512 〉：「丁未☒貞：勿乍大☒？」。〈丙 71 〉一版又見「令尹乍大田」例。然「立」字在殷卜辭中一般都用為動詞，如「立中」、「立事」、「立黍」、「立礿」、「立人」、「立執」等，本版則用為名詞賓語，與殷卜辭異。「大立」一詞所指為何？目前並沒有辦法確認，而「立」的用義亦影響「乍」字的理解。乍，殷卜辭有用為作、酢、祚、胙、止等意。立，若解為住，見《說文》，相對卜辭的「乍邑」、「乍王寢」等辭例，「乍大立」，即指修作王者之住處，即相當《尚書.康誥》的「作新大邑」。乍，讀如作，有為、興建的意思。立，如解為位，相對卜辭的「乍大禦」、「乍豐」等辭例，「乍大立」即指祚祭鬼神之位。乍，讀如祚，獻肉以祭也。本辭的用法如何仍待考。大，徐、陳文均釋為天，於上下文無解。

【語譯】　修治王者的住處。

H11：25　曰：貗。

【斷代】　周人甲骨。殷卜辭中「曰」字罕見於句首，反觀周原甲骨〈H11:21 〉版相同的文例，本版宜為周人所刻。此外，貗字亦不見於殷卜辭。

【考釋】　曰，徐釋為白；貗，陳釋為貔；均非。周原甲骨的白字作⊖，如〈H11：88 〉，但與本版字形不同；鬼字作♀，見〈H11：8 〉，與本版寫法亦異。徐釋：「貗與貔一聲之轉，假貗為貔。《爾雅.釋獸》云：貔，白狐。」姑備一說。此或指田狩的對象。

【語譯】　〔據卜兆判斷〕說：是貗。

H11：26　即吉。

【斷代】　周人甲骨。徐文引〈南明 478 〉一版有「即告」，亦即「即吉」。然「吉」字作杏，與殷卜辭寫法作㕷、呑、吉不同；相對的周金文〈敔簋〉作杏，與此例同。

【考釋】　䏠，徐、陳諸家皆釋為既，姚孝遂《殷墟甲骨刻辭類纂》亦收入既字條。然而䏠與既之作䏠形似而實異，其用法反而與即（皀）字相同，當為即字的異構。說參拙稿〈周原甲骨辭例考釋三則〉一文共引六組辭例互較䏠、皀同字。即，從人跪於皀前，由就食意引申有馬上、當下、開始的意思。即吉，言馬上要面對的一條兆象是吉兆。徐文謂「既吉，是記時日名稱的詞，相當於金文的初吉，屬

16

月象。」可是，這説法在本版甲骨中是無法証實的。

【語譯】　當下的是吉兆。

H11：27　☒巳（祀）邦（于）洛。

【斷代】　商人甲骨。祀作彡，字形與殷卜辭同。殷第三至第五期卜辭有增示旁作祀。「祀于某水」，例亦見殷卜辭。如〈集 14549 〉：「庚寅卜，爭貞：我其祀于河？」〈集 21113 〉：「戊戌卜，亞彡河祀？」洛，用為水名，也見於殷第五期王出巡卜辭。〈集 36960 〉：「癸丑☒在洛☒師貞：☒畎？王☒吉。」徐文引《史記.殷本紀》的「周西伯出而獻洛西之地」一條，謂本版「疑指周王到洛水一事」，實無據。

【考釋】　巳，即祀字初文。〈 H11：76 〉一版的祀字與此同。本字徐文漏釋、陳文釋作勺（杓），皆失。

【語譯】　…祭祀於洛水。

H11：28　戠（截）叀亡咎？

【斷代】　周人甲骨。「叀—亡—名詞」例見〈 H11：20 〉。殷卜辭中「叀」字見於肯定句式，如「叀吉」、「叀用」等，後罕接否定詞。此宜為周人的特殊用例。「亡咎」，《周易》習作「無咎」。

【考釋】　戠，人名；徐文釋「一戠」、陳文釋「曰新」；皆有可商。咎，陳描本作，徐描本字作，形近而混同從木形。細審照片，此處似以陳氏描本近是。〈 H11：55 〉作，殷卜辭作〈集 21864 〉，有災禍意。

【語譯】　戠沒有禍害嗎？

H11：29　（正）□
　　　　　（反）木生

【斷代】　周人甲骨。字和「木生」一詞均不見於殷卜辭。

【考釋】　，字不識；徐文釋辦、陳文釋鵬，皆無據。「木生」，徐文釋「未告」、陳文釋「見出」，然二氏無附照本，描本又各不同，未審孰是。甲骨文告作，下從𠙵而不從口；出作，下亦不從口。徐、陳二釋文均可商。

17

H11：30　燎（燎）于㴆。
　　　　　☐其☐于☐。

【斷代】　商人甲骨。燎，用柴祭天，為殷人常用祭名。殷早期卜辭作㶍，第三期以後有從火作㷮。㴆，地名，見用於殷第五期卜辭。
【考釋】　燎，即燎字。《說文》：「柴祭天也。」㴆，徐文釋河、陳文釋滹，謂「即滹池，故地在今陝西長安縣西北。」皆非。細審此字形，右側偏旁從張口形，與河字不合，與虎首寫法亦不類。殷第五期卜辭有㴆、㴆偏字，屬地名，與邲地同辭。〈集36896〉：「癸卯卜，在㴆東☐貞：王旬亡畎？」〈集36922〉：「☐戌卜在邲貞：其☐㴆，叀牛？在☐又一。」〈集36428〉：「辛未卜，在㴆貞：今夕師不震？吉。茲禦。」第二條釋文的于字，徐、陳均作邲，恐非。周原甲骨的邲字多作邒，與本版此一于字寫法不同。互較本版第一條釋文的于字，此一「于」字字旁一刀豎畫恐與字形無涉，仍宜釋為介詞的「于」，字形比邒字要早出。
【語譯】　燎祭於㴆河。
　　　　　…其…於…。

H11：31　（正）邲（于）宓（密）。
　　　　　（反）田。

【斷代】　周人甲骨。宓，即宓，為密字異體；殷卜辭不見。徐釋文引西周〈易鼎〉：「宓伯于成周」、〈趩鼎〉：「宓叔」，謂即《史記·周本紀》中「文王所伐的密須」。密字在此用為周人地名，可從。然此字是否即密須國，恐仍待進一步的證據。
【考釋】　田，見於本版斷片的背面，只此一字。徐、陳二文皆隸作周，唯吾人實無法由上下文判斷此必為周字。周原甲骨中「周方伯」的周字作𠄞，見〈H11：82〉、〈H11：84〉；地名的周作用，見〈H11：117〉；此二周字形明顯與本版四邊平齊的田形不合。今仍宜隸此為田。本版正反文字是否相連，意謂：「於密地耕作」，仍待考。
【語譯】　於密地。
　　　　　田。

H11：32　囷叀克事。

18

【斷代】　周人甲骨。文例與〈H11：6〉、〈H11：21〉同。

【考釋】　囷，人名；或即從倒矢作𡴁的𥎊字。陳文釋作𤰈。本版此字的照相和描本均不清晰，今暫從徐文。本辭前宜省「𠨧曰」。

【語譯】　〔據卜兆判斷，說〕：囷能夠勝任吏事。

H11：33　邘（于）。

【斷代】　周人甲骨。于字前後均無他字，或為習刻。參〈H11：19〉。本版的性質與殷墟卜辭全不同。

【考釋】　邘，為于字晚出的繁體。徐文謂此即《說文》云：「周武王子所封國。」無據。于字在此的用法恐與介詞亦無涉。

【語譯】　于。

H11：34　宅。

【斷代】　周人甲骨。宅字前後無字，文例參〈H11：33〉。殷卜辭已有宅字作𡨦，唯宀旁作𠆢，與本版作𠆢不同。字形先後的發展是由𠆢而𠆢。

【考釋】　徐文引晚出字書《正字通》、《六書故》釋此作宔（守），陳文亦釋為守。待考。

【語譯】　宅。

H11：35　囗𡿨乘𡆥亡咎？

【斷代】　周人甲骨。文例與〈H11：28〉同。

【考釋】　𡿨字不識。徐釋為旱、陳釋為車，都是沒有証據的。𡿨乘，用為人名。末一字不清，從徐、陳釋文作咎。𡆥，作囚，〈H11：28〉則作⊕，乃同字異構；徐文釋為西，陳文釋曰（斯），均備一說。

【語譯】　𡿨乘沒有禍害嗎？

H11：36　唐曰：其☒。

【斷代】　周人甲骨。「曰：其…」例見〈11：5〉。

19

【考釋】　首字殘缺，從言。徐釋譇、陳釋戠；待考。

H11：37　（正）☒宬（郕）未（叔）☒用。
　　　　　（反）茲奠。

【斷代】　周人甲骨。徐文謂周初有郕國，《春秋會要.世紀》載「郕，姬姓，伯爵，文王子叔武始封。」《史記.管蔡世家》載「武王同母兄弟十人。母曰大姒，文王正妃也。其長子曰伯邑考，其次曰成叔武。」徐說可從。
【考釋】　本版的背面，徐、陳描本上下倒置。今從徐本。奠，字與〈H11：31〉版同，徐文釋作考，謂「意為郕叔老了」，不確。本版正面有「宬叔☒用」，當與祭祀有關，此卜問郕叔舉行祭祀，用牲是否接受的意思。反面為驗辭，言進行此奠祭果為鬼神所接受。
【語譯】　（正）…郕叔…用牲。
　　　　　（反）進行此奠祭。

H11：38　壬卜。

【斷代】　商人甲骨。卜字作卜，寫法與〈H11：52〉、〈H11：65〉相同。殷第五期卜辭多見「干支卜」的個別出現例。如〈集39409〉：「甲戌卜。」〈集39415〉：「己未卜。」
【考釋】　壬，徐、陳諸家皆釋為王，恐不確。該字中間一橫書較長突出，不似王字。周原甲骨中王字作玉、王、王。徐文208頁的字形對照表中共收王字十六個，其中作玉形的有十個，作王形三橫平齊的有二個，作王形末畫最長的有三個。唯獨本版字形例外。且周原甲骨亦無「王卜」例。相對的殷卜辭也無單獨出現「王卜」例。是知此字與「王」字有別，宜釋作壬。
【語譯】　在壬日占卜。

H11：39　隻（獲）二。

【斷代】　周人甲骨。就文例言，本版的用法已見於殷卜辭。就字形看，隻字與〈H11：3〉一版「王獲田」的獲字寫法全同。殷卜辭的隻字一般作𢇚，從手的偏旁固定置於佳的下後方，與本版字形的手在佳的前面稍異。今暫判定為周人所刻。

【考釋】　隻，讀如獲。陳氏釋作「隹二月」、徐氏釋作「隹上」，皆有可商。字下從又（手），與〈H11：40〉「隹（唯）四月」的「隹」字明顯不同。殷卜辭習見獲字後接數詞。如〈集10410〉：「辛未卜，王獲？允獲兕一豕一。」〈集10514〉：「庚戌卜，丗獲四雉？獲十五。」

【語譯】　捕獲某牲二頭。

H11：40　隹（唯）四月。

【斷代】　周人甲骨。本版「唯四月」前後均無刻辭，此純為紀時之辭，或為習刻。例參〈H11：55〉。

【考釋】　隹，讀如唯；用為發語詞。殷卜辭多見「某月」、「在某月」，置於句末，在第五期有「唯王某祀」的句例，亦置於句末。然「唯某月」例，一般只見於周金文，置於句首。例見〈H11：2〉。

【語譯】　四月時。

H11：41　𩢛𩣑

【考釋】　二字從馬，不識；徐文釋𩢫𩣑，陳文釋𩢫𩣖。待考。

H11：42　于𨝌，迺（乃）入于止（此），用牲十。

【斷代】　商人甲骨。殷卜辭中已有𥝢字，用為方國和田狩地。止，借為代詞「此」，亦見用於殷卜辭。「用牲若干」、「迺入」、「于止」等辭例，均見於殷卜辭。

【考釋】　「入于止」，陳文無釋、徐文釋為「定盉」，不可解。于，字旁有骨紋，徐氏描本把該字的中豎截斷，遂不可識。止，讀如此，指上文的𨝌地。殷卜辭多「入于某地」的辭例。〈集27770〉：「于止（此）迺冓？」〈集28975〉：「☐盂田先省，迺從宮入，湄日亡戈？」牲，陳氏釋作牡，細審該字從⅄，當隸為牲字是。牲字後附數詞「十」，徐、陳二釋文皆缺；今補。殷卜辭多見祭牲後附數詞例，如〈集32374〉：「其用匕牛十又五。」〈集21651〉：「☐貞：其☐十牢又二奴，妣用牛一。」

【語譯】　於𨝌地，乃進入（或納貢）於此處，用祭牲十頭祭祀鬼神。

H11：43　卟。

【斷代】　周人甲骨。文例見〈H11：5〉、〈H11：6〉。然本版為何單獨刻此一字，仍待考。
【語譯】　據卜兆判斷。

H11：44　佳彗

【考釋】　第二字不識，徐氏描本倒置，釋此字為雙，無據。本版二字似乎各自獨立不成句，其用義為何仍待考。

H11：45　畢公。

【斷代】　周人甲骨。徐文引西周〈史喆簋〉的「乙亥，王賞畢公」，又《史記・魏世家》索隱引《左傳》富辰說：「文王之子十六國，有畢公」、〈魏世家〉載：「武王弟叔振鐸奉陳常車，周公旦把大鉞，畢公把小鉞，以夾武王」，又載「武王歿，畢公輔成王。成王將崩，…又命召公、畢公率諸侯以相太子而立之。」文獻的畢公為文、武、成、康四世重臣，他是文王之子、武王之弟畢公高。徐說可備一說。
【考釋】　本版單獨刻「畢公」一詞，沒有上下文，未知何解。唯相對殷墟卜辭的成組句型和細微瑣碎的占問內容，周原甲骨明顯表現出只在乎重點記錄的特性。
【語譯】　畢公。

H11：46　上隋。

【考釋】　徐文釋上腧、陳文釋上隓（達）。細審照片，第二字舟旁無止，宜隸作隋。上隋，在此用為地名。

H11：47　大瞏（還），虫不大追。

【斷代】　周人甲骨。虫字後接否定句式，例參〈H11：28〉，與殷卜辭用法異。追，本版從彳作復，與周金文近，而殷卜辭的追字都作𠂤。【考釋】　徐文謂「大還」為古天文名詞，並據《淮南子・天文訓》謂大還位在西，時在申，「意為大還之時，是不大適宜逐

22

獸的」。陳文亦謂「大還，下午五時以後。」此皆附會之詞。本版「大還」與「大追」前後文意相對，「還」應解釋為返的意思。至於所追逐或驅趕的對象為何，本版甲骨上並無交代。

【語譯】　還是盛大的回師，不適宜大大的追捕。

H11：48　沮（沮）魚，即吉，茲用。□ 其⊿ 。

【斷代】　周人甲骨。即吉，見〈H11：26〉。由吉字作吉判斷本版的上限，為周人所刻。

【考釋】　本版讀法由右而左，據〈H11：54〉一版互較可知。陳文的釋讀有誤。沮，水名，或為沮水的繁體；陳文釋渭、徐文釋洒，假為鮮，但在〈H11：54〉一版卻又釋㳄，均有待商。魚字作魚，字草率，與殷卜辭的魚、魚、魚等寫法有別，用為動詞，讀為捕魚的漁。即吉，徐氏於〈H11：26〉釋文謂：「既吉為記時日名稱的詞，相當金文的初吉。」但於此版又謂：「既吉，即己善、己美、己好之義」，前後釋義搖擺不定。細審本版甲骨，先言「即吉」，復言「茲用」，可見「即吉」意與卜兆的吉否有關，而與月相無涉。「茲用。王其⊿ 」一段，徐釋為「茲卜，乎（呼）王其少□」，不可解。「茲用」，殷卜辭中習見，特別是在第五期卜辭，用為驗辭，言是次占卜為鬼神所接受。「其」上一字，諸家皆釋為王，然字上首殘缺作土，字最下一橫平直，與〈H11：3〉、〈H11：100〉、〈H11：113〉、〈H11：167〉諸版周人甲骨的王字作王亦不同。今疑此字恐非「王」字。

【語譯】　在沮水捕魚，當下的卜兆是吉。此卜兆果然應驗。

H11：49　唯。

【斷代】　周人甲骨。周原甲骨多在骨版上單刻一字，或都是習刻。

【考釋】　相對〈H11：55〉一版作為發語詞的唯字寫作佳，本版唯字的用法恐非作語詞解。

H11：50　大保。

【斷代】　周人甲骨。「大保」，官名，例見〈H11：15〉。

【考釋】　保字作保，字與周金文如〈保卣〉的保同。唯就文字演變看，此字的出現比〈H11：15〉一版從王的保字早。然本版單刻

23

「大保」一詞，例與〈H11：45〉單刻「畢公」同，未審何意。

H11：51　☐ 其 ☐ 茲 ☐
　　　　　☐ 豐

【考釋】　本版共二條辭例，唯均殘缺。徐文釋首條為「尸其丰 ☐
☐」，無據，上下文亦不通。豐，徐釋：「即周都豐京」，但由本
版看也是沒有根據的。

H11：52　☐ 貞：乎（呼）寶卜，曰：☐。

【斷代】　商人甲骨。「貞：呼某」例，殷卜辭多見呼字句省主語，
如〈集5805〉：「貞：呼子畫以光新射？」〈集10560〉：「貞：
呼田獲？」〈集15815〉：「貞：呼不羹？」曰字作日，與殷第五
期卜辭寫法相合。

【考釋】　貞，字殘；徐氏釋作周。然此字的寫法與周字不類，且
卜辭中呼字句的用法，主語多為上位的王，或為人名，或為上帝，
可是並無用族名作為主語的辭例。如〈集5048〉：「己巳卜，王呼
犬捍我？」〈集7014〉：「己卯卜，王貞：余呼𠂤敦先？」〈集6946〉：
「甲子卜，爭，雀弗其呼王族來？」〈集14243〉：「帝呼戈？」
呼，有呼令、派遣意。由習見的「某呼某」例，本版的「寶」宜用
為人名，言命令寶占卜，下接占卜的內容，徐釋為「即周稱呼珍貴
占卜」，實不確。殷卜辭「寶」字已用為人名，如「婦寶」。本版
的寶應作為卜官的身份。

【語譯】　…貞問：呼遣寶進行占卜，問說：…。

H11：53　隹☐。

【考釋】　本版二字平行書寫，餘一字殘不識。此或為周人習刻。
徐文描本倒置。

H11：54　☐ 沮，即吉，☐。

【斷代】　周人甲骨。沮，水名；例與〈H11：48〉同。
【考釋】　沮，字殘，據〈H11：48〉補。徐文釋此為休，謂：「假

24

為沈。此片卜辭是說：用人入水祭祀，是吉利的。」此純屬想像之
詞。陳釋此為河，亦不確。即吉，說見〈H11：26〉。

【語譯】　…在沮水，當下的卜兆是吉的。…。

H11：55　佳（唯）十月即☒亡咎。

【斷代】　周人甲骨。「亡咎」，互較〈H11：28〉的「叀亡咎」
例，此版宜為周人所刻。「唯幾月」置於句首，亦為周金文習見的
用法；參〈H11：40〉一版釋文。

【考釋】　徐、陳諸家釋「即」為「既」，釋「即」下一殘字為「死」，
隸為「既死」，推即金文的「既死霸」、《尚書》中的「既死魄」。
然此屬孤証，且本版字殘處照本不清，徐、陳描本亦各異。據二家
的描本殘字，亦與殷卜辭死字作𠤏的寫法大異。周原甲骨〈H11：
48〉有「即吉。茲用」例，與本版「既…亡咎」相類，唯殘字又不
像吉字。此處仍待驗証原骨版殘字的寫法。咎作𠙻，字形上接殷人
的咎字。

【語譯】　十月時，當下…沒有禍害嗎？

H11：56　夜亯

【斷代】　周人甲骨。殷卜辭中仍沒有「夜」字。

【考釋】　亯，即享，有祭祀鬼神意；參《說文》。唯此詞例屬孤
証，二字是否連讀亦未敢一定。

【語譯】　晚上祭獻鬼神。

H11：57　壬☒。

【考釋】　「壬」下諸字皆不識。徐釋作「壬申，中鄂（陽）☐」，
無據，亦無解。

H11：58　☒。

【考釋】　本版不識。陳、徐描本有出入。陳文釋「宰」字，徐文
把「宰」旁刻畫隸為「六」「七」，恐均待商榷。本版照相中間一
字作𠕒，與金文宰字作𡨄〈宰㛱角〉、𡨄〈頌壺〉等字形不類。

H11：59　☑天（大）乍（祚），其屮九鷈。

【斷代】　周人甲骨。乍字作屮，形與周金文寫法近，參〈H11：24〉。

【考釋】　乍，讀如祚，獻祭也。屮，字不識，或用為祭祀動詞。徐、陳諸家均釋為牛。細審此字固與隸書牛字相似，然古文字以迄篆文的牛字作屮、屮、屮等形，與此字寫法異；又証諸〈H11：125〉的牛字作屮，此字恐非牛字。由上下文看，此字疑為「用」字缺刻。周原甲骨用字作用〈H11：16〉、作用〈H11：65〉。〈H11：174〉有「其自用胄」例。殷卜辭亦習見「其用」的句子，如〈集26955〉：「☑王其用羌于大乙，卯电牛，王受佑？」〈集23403〉：「乙未卜，旅貞：侑以牛，其用于妣，电今日？」〈集559〉：「王占曰：其用。」鷈，宜為鷹字的繁體。此言用鷹鹿九頭為祭牲。徐釋此字為薦獻意，恐不確。

【語譯】　…舉行盛大的祚祭，以鷹九頭為祭牲。

H11：60　☑其☑。
　　　　　☑亡咎。

【斷代】　周人甲骨。第二條殘辭宜為「电亡咎」，據〈H11：28〉補。

H11：61　王身。

【考釋】　王字，徐描本作王、陳描本作王，細審照相，陳氏所描較正確。王字字形與〈H11：3〉、〈H11：100〉等周人甲骨相同。身字橫寫，似習刻。徐描本作身、陳描本作身，核諸照相，以陳本為是。二字是否連讀，仍無據。〈集822〉：「貞：王疾身，唯妣己老？」殷卜辭的身字作身、身，與本版下增橫畫的寫法不同。

H11：62　[字形]

【考釋】　此字不識，宜闕。徐、陳描本互有出入。徐釋為馬，陳倒置圖版釋為隹；皆非。

H11：63　卜⟨

【考釋】　字不識。陳描本只有左邊一半。徐釋為門字，無據。

H11：64　六年。

【斷代】　周人甲骨。殷卜辭的記年稱「祀」而不稱「年」。《爾雅.釋天》：「夏曰歲，商曰祀，周曰年。」
【考釋】　徐、陳描本稍異。陳釋此為「亡年」，言「即年成不好」。細審照相「六年」左下方，確有一度弧形刻畫，然未審與本字關連否。「亡年」屬孤証，今仍釋為「六年」是。徐文謂：「當為周文王六年」，唯仍待進一步証明。

H11：65　弗用 茲（茲）卜。

【斷代】　商人甲骨。殷卜辭習見「用茲卜」例，特別是第三、四期卜辭。如〈集 31678 〉：「其用茲卜。」〈集 32450 〉：「虫茲卜用。」〈屯 1042 〉：「其用茲卜，受佑？」〈集 29256 〉：「田于㝢，其用茲卜？」弗字作丼，與殷第四、五期卜辭寫法相同。
【考釋】　茲，即茲，此也。殷卜辭有「習一卜」「習二卜」「習三卜」「習茲卜」例。
【語譯】　不用此卜。

H11：66　甴

【考釋】　字不識。徐文釋「甴」，陳文釋「南」；恐皆非。

H11：67　□□

【考釋】　字殘不識。前一字或為羍。徐文釋下一字為邦，恐非。

H11：68　☑伐蜀。
　　　　　茲☑。

27

【斷代】　周人甲骨。蜀，方國名。殷卜辭用為附庸族名，但字作🐍，不從虫。周金文如〈班簋〉蜀字作🐍，從虫；字形與本版同。

【考釋】　徐、陳諸家均認為本版是文王伐蜀的記錄。至武王伐紂時，蜀與庸、羌、彭等部族出兵助周，表示蜀已歸順於周。

【語譯】　…攻伐蜀。

　　　　　此…。

H11：69　☒〔王〕乎（呼）☒其☒。

【斷代】　商人甲骨。殷卜辭多見「王呼某作某事」例。參〈H11：11〉。

【考釋】　王字上下缺畫，應作 𦣻，徐釋為大，陳釋為 㞢，不確。大當作 𤕦，象人兩手斜出，與此字上作一短橫有別，殷卜辭亦無「大呼」例。「王呼」後諸字不識。徐釋為「伙其任雨」「毆」，全無據，文意亦不通。今闕。

【語譯】　…殷王呼令…。

H11：70　☒眔白（伯）厂 其☒。

【考釋】　眔，讀如逮，及也。徐釋謂「與既通」，誤。厂，用為人私名；徐、陳均漏。陳釋文作「眔旦其」，謂：「旦，疑是周公旦」，恐是主觀的認知。按照相中眔下一字作 ⊖，並不從日，故宜隸為白，讀為伯，爵稱。「白」下與「其」字間的距離甚寬，應有一字。而白下的一橫與骨邊的一豎明顯相連接，故隸為厂字。

H11：71　（正）　☐☐

　　　　　（反）　其☒

【考釋】　徐文釋正面為「叔☐」，背面為「其衣」；無據。

H11：72　王用。

【斷代】　商人甲骨。殷卜辭有此例，如〈集4907〉：「☒冊王用。」

【考釋】　王字作王，字形見殷第五期卜辭，宜為商王。參〈H11：1〉。「王用」例又見〈H11：246〉。

【語譯】　　先王鬼神接受此次祭祀。

H11：73　　☒豕。

【斷代】　　周人甲骨。字不見殷卜辭，疑為周人用字。

【考釋】　　此字徐、陳二釋文均釋作從卜從交，徐文謂「與郊通用」，無據。細審照片，字不從交，宜從豕；參〈H11：127〉、〈H11：128〉。字從卜從豕，卜亦聲，或即用豬骨占卜的意思，可能是卜字的繁體。此宜複核原骨的性質。字前缺干支。

【語譯】　　〔干支〕用豕骨占卜。

H11：74　　戾（庶）。

【斷代】　　周人甲骨。字單獨出現，未審用意。如〈H11：19〉。或為周人習刻。徐釋文的圖版倒置。

H11：75　　今□王曰：☒。

【斷代】　　周人甲骨。「王曰」例常見用於殷卜辭。如〈集36557〉：「貞：王曰逐延于夫，延至盂…來亡災？在七月。」〈集6568〉：「貞：王曰亡其疾？」〈集23322〉：「己巳卜，王曰貞：其又于祖乙爽☒？」如就文例看，本版宜為商人所刻。然而由今字下短畫斜出作今，與〈H11：15〉同；王字作王，又與〈H11：3〉同；故又可推斷本版為周人所刻。

【考釋】　　徐文釋「今」下一字為「春」，「曰」下一字為「乙」；無據。王字作王，下一橫成弧形，或指周王；徐描本作王，不確，今據照相改正。曰字作凵，寫法與殷文亦不同。

H11：76　　☒曰：祀（祀）☒。

【斷代】　　商人甲骨。殷卜辭祀字絕多作𠃌，與此同。及晚期卜辭偶有從示作祀。《金文編》祀字均從示，如祀〈保卣〉、祀〈郱伯祀鼎〉。本版字例又見〈H11：114〉、〈H11：134〉、〈H11：141〉、〈H11：200〉。

H11：77　ⓖ亡咎？

【斷代】　周人甲骨。文例見〈H11：28〉。
【考釋】　ⓖ作ⓓ，乃ⓖ之省。字讀如惟，乃強調語氣的發語詞。徐文釋為ⓓ（西）、陳文釋為ⓓ（斯）。
【語譯】　沒有禍害嗎？

H11：78　七牢。

【斷代】　周人甲骨。殷卜辭的牢字有從牛、從馬、從羊作ⓦ、ⓦ、ⓦ，而周原甲骨則只從牛作牢。殷卜辭的ⓦ字從牛部份像牛首角雙耳上豎之形，唯此版從牛作ⓦ，兩耳部份已連成一橫畫。參〈H11：99〉、〈H11：133〉牢字形亦如此。這種寫法明顯與殷文相異。相對的，周金文的牢字已作ⓦ〈貉子卣〉，與本版相同。
【考釋】　「七」字在照相中只見一橫劃，或隸為「一」字。此處姑暫從徐、陳諸家釋為七。「七牢」之前或另有上文。
【語譯】　祭祀時用祭牲七牢。

H11：79　□。

【考釋】　字從鷹，不識。陳文釋「ⓣ」，徐文釋「方弗」；無據。

H11：80　王其ⓣ（往）ⓕ山，ⓦ？

【斷代】　商人甲骨。往字作ⓣ，相對殷卜辭往字由第一至四期的ⓣ、ⓣ，而至第五期卜辭的ⓣ，可見本版的往字與晚殷寫法相同。「王其往某地」，例亦見殷卜辭。〈集24492〉：「戊寅卜，行貞：王其往于田，亡災？在十二月。」〈集24262〉：「庚申卜，行貞：王其往于田，亡災？」山，殷卜辭一般字作ⓦ，亦有作山〈集19026〉，與本版同。
【考釋】　王作ⓣ，與殷晚期卜辭用法合。其，表示未來的語氣副詞。ⓕ，字不識，用為地名。徐釋為ⓕ，陳釋為密，解為密須之國；均備一說。徐、陳描本於此字不同。本版照相不清，然按其隱約筆順，徐本所描稍近。ⓦ，字不識；或即殷卜辭ⓦ字之省。ⓦ，隸作異，示人護持頭上物，本義為護，引申有受佑意。殷卜辭有「王異」

例，言殷王受鬼神護佑，用法與本版同。徐文釋此為卉，有游樂意。目前仍無定論。

【語譯】　殷王將往巡宕山，受鬼神護佑嗎？

H11：81　七六六七六六

【斷代】　周人甲骨。文例參〈H11：7〉。

【考釋】　由本版「七」與「六」合文，可知其讀法是三個數字各成一組。據張政烺〈試釋周初青銅器銘文中的易卦〉（見《考古學報》1980年第四期）一文所引，1979年江蘇海外縣青墩遺址出土的骨角柶和鹿角枝上有像易卦的刻文，如：「三五三三六四」「六二三五三一」，其使用的數目字為：一、二、三、四、五、六。這和殷墟發現的數字刻文不同。該遺址是屬於長江下游新石器時期的文化（新石器時期起於公元前七、八千年），比商代晚期（公元前一千四百年至一千一百年間）早了幾千年。這些材料可能是易卦的早期形式。《考古》1961年2期〈一九五八~一九五九年殷墟發掘簡報〉74頁圖一二有關陶文拓本兩件，上刻：「七七八六六七」，「六六七六六八」「六六七六七五」；《考古》1961年2期〈山東平陰縣朱家橋殷代遺址〉93頁圖九之八有陶銘作「一八八六一一」。以上三件陶器都是殷代晚期的作品。由此可見上古易卦刻文沿用之久遠，重卦的推演非始自周文王；其應用範圍亦甚廣，東自山東，西迄岐山，南達江蘇。由以上所述，新石器時期已出現「一、二、三、四、五、六」的數字組合刻文，可能由於其中的「一、二、三、四」為積畫，在書寫上容易構成混淆，因此，過渡到殷代後，這些數字組合有所改良，「二、三、四」遭取消。就目前的材料看，殷人用筮的方式有二：一是以「五、六、七、八」二奇二偶的四個數字的組合，每一卦占用三或四數字來表達吉凶，如上文H11：7考釋所列舉的殷卜辭：「五五六」、「六七七六」、「八七六五」；二是以「一、五、六、七、八」三奇二偶的五個數字的組合，每一卦占用六數字來表達吉凶，如河南安陽四盤磨甲骨的「八六六五八七」「七八七六七六」，和殷墟出土的陶殷（「六六七六七一」「六六七六一八」）、陶范（「一七六七八六」「五七六八七一」）。周人所刻的卜筮則擴而為「一、五、六、七、八、十」三奇三偶的六個數字的組合，如周原甲骨和〈中方鼎〉（「七八六六六六」「八七六六六六」）、〈召卣〉（「一一六八一六」）等周初金文。周人所刻的筮數，明顯是上承殷人的用法，而有所開創。至於這些數字和《周易》陰陽爻之間的關係，仍有待進一步的推尋。此外，在

殷周遺址中，又有出現三個數字組合的刻文，如《殷墟文字外編》
448 的「上甲。六六六」、張家坡西周遺址的骨鏃刻有「一六一」、
《錄遺 253》的〈父戊卣〉有「父戊。六六六」、《三代》6.39 的
〈董伯段〉有「董伯作旅䵼彝。八五一」等（以上諸例引自張亞初、
劉雨〈從商周八卦數字符號談筮法的幾個問題〉，《考古》1981 年
二期），這些三數成列的用法，郭沫若、唐蘭諸氏已認為是氏族徽
號。細審上例的數字緊隨著紀念的祖先之後，數字與祖先的祭祀或
有一定關係。因此，這類三數成組的排列用法，和卜筮的功能並不
相同。

【語譯】　七六六．七六六

H11：82　☐才（才）文武☐王其卯（昭）帝（禘）☐天（大）戊
　　　　　（？），𠕋（典）晉周方白（伯）☐，叀正（禎），亡𠂇（佐）
　　　　　☐王受又（有）又（佑）？

【斷代】　商人甲骨。証：（1）在文武帝某的宗廟舉行祭祀，例
見殷第五期卜辭。〈懷 1702〉：「丙午卜，☐文武☐丁其☐。」
文例又與 H11：1 相同。（2）禘祭先祖，例見於殷卜辭。如〈後
上 19.1〉：「禘于王亥？」（3）大戊，為殷大庚子、小甲和雍己
之弟。惜本版「戊」字稍殘缺，此點未能成為實証。（4）「典冊
周方伯」，既直呼冊命的對象為周方伯，主語的「王」自屬殷王無
疑。（5）「叀正」，例見 H11：1。（6）「王受又又」，多見
殷第五期卜辭。如〈集 38230〉：「☐帝宗正，王受有佑？」〈集
36350〉：「乙卯其黃牛正，王受有佑？」〈集 36123〉：「癸酉卜
貞：翌日乙亥王其有夕于武乙必正，王受有佑？」諸辭例皆卜問「正，
王受又又？」，與本版用法全同。（7）王作王，與殷第五期卜辭
王字字形相同。

【考釋】　陳文釋「受」為「紂」，是不了解常見的「受又又」一
文例的用法，陳言「王受」為「紂王」，更是主觀的偏見，無據。
徐文釋「叀正」為「西正」，言「即惟正道」，另釋「亡𠂇」為「亡
左」，言「即無乖戾之事」，都是不對的。𠕋，為冊的繁體。殷卜
辭𠕋字，是指刻冊記錄祭祀先世的祭牲和牲數，如〈集 15336〉：
「𠕋王十牢？」〈集 30671〉：「叀𠕋羊百？」〈集 914〉：「𠕋祖
丁十伐十牢？」〈集 719〉：「貞：禱于妣己，𠕋奴、卯牢？」〈集
32162〉：「其𠕋郭？」，相對〈H11：84〉的「𠕋周方伯盂」，
本版意謂𠕋命用周方伯的某人為祭牲。𠂇，讀如佐，有輔助意。

【語譯】　…在文武帝某的宗廟舉行祭祀，殷王盛大的用禘祭…祖

先大戊，並冊命用附庸周方伯的某人為祭牲，希望能冀求禎祥，上下鬼神不會不輔助，…殷王得到福佑？

H11：83　曰：今□ 楚子來告父□□。

【斷代】　周人甲骨。楚用為方國名，見於〈H11：4〉。「曰」字帶出文句，例參〈H11：21〉。

【考釋】　曰，字形作ㅂ，徐本正確，陳本稍誤。今字，徐氏描本作今，非。據照相看當是Ａ，與〈H11：15〉、〈H11：16〉寫法相同。殷卜辭多言「子某」，卻沒有「某子」的用法。子，在此作為爵稱。陳、徐釋文均言「今」後一字為「𩁈」（秋），末二字為「後哉」，仍存疑。殷卜辭並無「後」字。徐釋謂：「此片卜甲的大意是：曰：今秋楚君來，部父邐行」，把「告父」連讀，恐亦有待商榷。殷卜辭已習見「來告」連讀的文例。末一字如確為哉字，可讀如哉，即災，有禍害意。

【語譯】　〔據卜兆判斷〕說：今…楚子來朝稟告父某…。

H11：84　貞：王其㞢又（侑）大甲，曹周方白（伯）𡥀，叀正（禎），
　　　　　　　不ナ（佐）于受又（有）又（佑）？

【斷代】　商人甲骨。証：（1）㞢又（侑）連用，見於殷卜辭，如〈集19865〉：「丙寅王酚祖丁，㞢又四□？」〈集19946〉：「丙子卜，㞢又大丁？」（2）又祭的對象為殷先祖大甲，主祭的王自應為殷王。例亦見殷卜辭，如〈集32471〉：「又大甲：四牢？」〈集27149〉：「王其又大乙、大丁、大甲，叀彳歲公？」（3）「曹周方伯𡥀」，此言典冊用周方伯的𡥀為牲。王與周方伯當為主從的關係。（4）叀正，例見H11：1。（5）受又又，例見〈H11：82〉。（6）王作王，字形與殷第五期卜辭合。（7）貞作𡿺，與〈H11：1〉版同。

【考釋】　陳、徐釋「王」為周文王，釋「周方伯」也是周文王；此不可解。本版甲骨既明言王㞢祭的對象是殷先王大丁之子大甲，復言以周方伯的𡥀冊祭，王與周方伯很明顯不是同一人。因此，句中㞢祭和冊祭二詞的主語「王」，必然是殷王無疑。周方伯如確是指周西伯的姬昌，相對的當時號令諸部族的「王」更應該是殷王帝紂無疑。𡥀，從妻置皿中，比附〈H11：14〉的𡥀字，此宜為烹妻奴以祭之意。「曹周方伯𡥀」，即冊命用周方伯的妻奴為人牲。徐

33

文釋此字為「莒其」二字，謂莒「即光字」，並釋此句為「大甲告訴周方伯走光明正道」。這種理解恐怕是沒有根據的。徐、陳釋文又均把「受」字釋作「紂」，徐文言：「上帝神祇不佐助於紂，而會保佑你的。」這樣的釋文恐怕也是不正確的。殷卜辭習用「受又又」、「王受又又」、「我受又」等文例，「受」都無法釋為紂。卜辭復有「亡左自上下于祝示，余受又又，不曾哉」〈集36511〉的句例與本版同，李學勤、王宇信〈周原卜辭選釋〉釋「于」為「與」，謂「不左于受又又」乃「意謂上下神祇不會不予護助而能得福佑。」這說法似乎比較可靠。拙稿《殷墟甲骨文字通釋稿》462頁于字條，謂于字的用法：（1）通於，作介詞，（2）與也，為連詞，（3）有往意，用為動詞。其中作為連詞的用法，如〈粹1175〉：「丁卯卜，敝貞：王敦缶于蜀？」〈甲10〉：「即叀報甲于唐？」等是。本，乃捧字省，假為被，謂雙手持禾黍拜祭。殷卜辭多言「被年」「被禾」「被雨」於先公先王，指用被的一種祭儀。「不ナ」，意與〈H11：82〉的「亡ナ」同。

【語譯】　貞問：殷王用被的儀式舉行侑祭，祭祀先公大甲，並冊命用周方伯的妻奴為祭牲。希望冀求禎祥，上下神靈不會不護助而能得到福佑。

H11：85　七六六七一八，曰：其☐
　　　　　☐𦥑魚☐。

【斷代】　周人甲骨。象卦畫的六個奇偶數，例參見〈H11：7〉。
【考釋】　「曰」字後殘文，宜是解釋此卦畫的內容。〈1950年春殷墟發掘報告〉圖版41.1有河南安陽四盤磨晚商甲骨，作「七五七六六六曰𢌳」，例與本版同。「𦥑魚」，徐、陳釋文均作「既魚」。「魚」前一字確從𠧪，唯是否屬「既」字，仍待考。唯徐文謂「既與自為同聲字，假既為自。既魚即自魚。既又與其字同聲，假既為其。魚為吉慶之意，此處訓「既魚」為「其吉」較妥。」這樣僅隨音近而通借的釋文，是容易流於附會的。此處前後文不詳，釋文寧從闕。

H11：86　畢

【斷代】　周人甲骨。字參〈H11：45〉「畢公」例。
【考釋】　徐釋文的描本圖版倒置。或為氏族名，唯本版中僅此一

34

單字，其用意仍無據。

H11：87　其受異（禩）鼎，☑。

【考釋】　本版陳文漏釋。徐文釋「其」後一字為「肜」。唯該字從舟從又，且肜字在殷卜辭皆作彡，周原〈H11：261〉亦作彡，並不從月。此字不應釋為肜，疑為「受」字省。「異」，徐謂讀如禩，即祀，可從。「異鼎」二字合文，殷卜辭亦有「異鼎」例，〈集31000〉：「☑卜，新異鼎祝☑？」「鼎」字下一字徐文釋「商」，無據。
【語譯】　…接受祭祀的鼎…。

H11：88　白（伯）

【考釋】　白字上仍有空白位置，此版只單刻一字，疑為周人的習刻。

H11：89　☑

【考釋】　字殘不識，又見〈H11：29〉一版，宜為周人所刻。徐釋為辦，陳釋為鵬；仍待考。

H11：90　☑六六七七一

【斷代】　周人甲骨。例見〈H11：7〉等。
【考釋】　徐釋為「□八六十十一」，誤。陳釋為「六六七」，亦漏。今更正如上釋文。

H11：91　一。
　　　　　六六七七六☑。

【斷代】　周人甲骨。文例見前。
【考釋】　周人占筮的卦象，是用六數成列，其中三個數為一組的方式表達。本版殘片，數字組後應殘缺一數。第一辭的「一」，是否用為卜序，仍待考証。

H11：92　莫。

　　　　　乎（呼）見龍▢。

【斷代】　周人甲骨。龍，用為方國名，早見於殷卜辭，徐氏以為人名，非是。殷卜辭習見「呼見某方來犯」的辭例，與本版用意同，是知本版的讀法宜為「呼見龍」。如〈集7437〉：「貞：勿呼見啓於𢀜？」〈英556〉：「貞：勿呼見呂方？」〈集4653〉：「貞：呼龍？」如由龍字句例看，此版宜為商人所刻。然同版的「莫」字作𦱦，與殷卜辭作𦱴、𦱯、𦱼等寫法全都不同。殷卜辭從艸偏旁的字都不從艸。相對金文的艸有作艸者，如〈父乙觚〉莫作𦱦、〈德方鼎〉萬作𦲗。因此，本版斷代的理解有三個可能性：（1）𦱦字並非從艸的莫字，此版為商人所刻，（2）兩條辭例分別先後為商人和周人所刻，（3）「呼見」例和龍為方國的用法，仍沿襲至周，本版為周人所刻。就目前的資料看，我是傾向於第二種可能。

【考釋】　本版刻文徐釋為「龍乎見莫」、陳釋為「龍見于苜」，都是有問題的。細審照相，見字之前一字確為乎（呼）字。「呼見龍」三字刻畫甚深，當為同時所書，唯左旁一「莫」字，刻畫較淺，似非同時所刻的字。本版讀法應由內而外，分兩條釋讀。

H11：93　▢

【考釋】　本版疑為周人所刻。字不識，徐、陳二釋文均隸作貨，不確。王宇信《西周甲骨探論》131頁謂「這片甲骨文至為重要，反映了當時商業貿易的情況」，這種解釋就更是危險了。周原甲骨從貝偏旁的作𦉢、作𦉞，參〈H11：52〉的寶字、〈H11：13〉的𦉢字。然此字下首從𦉞，不應是貝字。

H11：94　𦉞子

【斷代】　周人甲骨，參〈H11：83〉的「楚子」。

【考釋】　「子」前一字不識，宜為方國名。徐因形近而釋為𦉢、陳釋為虹，都不正確。

H11：95　母

【考釋】　字象人跪形，手抱間有一點而非一橫，宜釋為母；徐文

36

釋為女、陳文釋為毋，恐都不是。本版疑為周人所刻。

H11：96　☒告于天，虫亡咎？

【斷代】　周人甲骨。「虫亡咎」，例見〈H11：20〉、〈H11：28〉等。

【考釋】　「告」前一字殘，徐釋為「小」、陳釋為「川」，均無據。殷卜辭習言「告于某祖先」，卻絕無「告天」之例。此當為周人的風習。告字作告，與殷卜辭的出、告寫法不同。字讀如祰，祭也。其用法則上承殷卜辭。「虫亡咎」，徐釋為「西乙牢」，句意全不可解。

【語譯】　〔某〕告祭於上天，冀求沒有禍害。

H11：97　克蜀

【斷代】　周人甲骨。例與〈H11：68〉「伐蜀」同。

【考釋】　徐文釋為「征蜀」。征，殷卜辭作正、足、侵，周原甲骨作侵（〈H11：110〉），與本版字形皆異。細審圖片，字作克，宜隸作克，有攻伐意。蜀，從虫，寫法與周金文相同。

【語譯】　克取蜀地。

H11：98　女（汝）公用覲（聘）。

【斷代】　周人甲骨。公，殷卜辭一般只用為地名。公為爵名作「某公」例確多見於周金文，如〈毛公旅鼎〉、〈應公鼎〉、〈楚公鐘〉等。

【考釋】　本版照相不清晰，今暫從徐、陳描本所釋，然文意並不確定。殷卜辭「用」字後常帶出祭牲，最後一字是否應釋讀為朝聘的聘，亦待重核原片。

H11：99　☒二牢

【斷代】　周人甲骨。牢字的寫法與〈H11：78〉例同。此言用祭牲二牢。

H11：100　☑其延(從)，王☑。

【斷代】　周人甲骨。殷卜辭的從字都作㣛，偶有增彳旁作㣔〈京津1372〉，但絕無從止者。相對的，周金文有從止作㣥〈作從彝卣〉，字形與本版完全相合。王作𐂃，下橫作弧形，與〈H11：3〉版相同，屬周人的王字寫法。

【考釋】　徐氏描本「王」字有誤，今據照相改正如上。徐文謂「王」後一字為「來」，讀作「其從王來」，無據。卜辭中只習見「王从」、「王从某」，並無「从王」的用例，此片讀法宜為「☑其從，王☑」。殷第三、四期卜辭有「其从」例，〈集27926〉：「其从犬，擒？」〈集32983〉：「其从虎師，亡戈，王徝？」。末一字字殘，只餘一橫和一小點，如確為「來」字，中間一縱豎畫應該清晰可見才是。此字宜闕。

H11：101　利昜(陽)

【考釋】　「利」字上殘，照本亦不清，今暫從徐、陳釋文。徐氏謂：「即黎陽。《尚書》中有「文王戡黎」的記載，故「黎陽」當為古黎國的都邑。」姑備一說。如釋讀可靠，此自宜為周人甲骨。殷卜辭中亦罕見單獨刻一地名例。

H11：102　見工于洛。

【斷代】　周人甲骨。西周金文〈應侯鐘〉有「應侯見工」，見工或屬官名，或為人的私名。
【考釋】　于，有前往意。洛，又見〈H11：27〉一版。
【語譯】　見工前往洛水。

H11：103　☑其☑。

【考釋】　本版照相不清，描本不同。「其」下一字，徐釋為潰、陳釋為乍；恐皆無據。

H11：104　周

【考釋】 本版屬殘片，「周」的前面未審有字否。陳釋此為「岐周」，宜待考。

H11：105 ☒ 乓（厥）☒。

【考釋】 本版照相不清，「乓」下一字，徐釋為妝、陳釋為殷，恐都不是。

H11：106 ☒ 不☒

【考釋】 陳、徐二描本上下顛倒，今從陳本。徐本無釋文，陳本在「不」前一字釋為市，無據。

H11：107 ☒ 九，其☒。

【考釋】 本版上下殘缺，「九」字旁有一小豎畫，此字是否讀為九，仍未敢一定。

H11：108 自不杍。

【斷代】 周人甲骨。此為周原甲骨的習用語，不見於殷卜辭。
【考釋】 「自不杍」，又見於〈H11：135〉。〈H11：131〉作「自不呇」，〈H11：172〉有「自呇」。其中的「不」應理解為否定詞，「杍」為動詞，其用意仍待考。徐文釋作「自丕札」，「即蓋是說用大杍出牲之體而載之俎者」，乃附會之辭。陳文隸「杍」為「休」，無釋文。然審諸周原眾「杍」字例，「木」旁均固定在左旁，是否當讀為「休」，恐仍要待進一步的証據。且「自不休」意亦不可解。參下文〈釋杍、呇、椢〉。

H11：109 女

【考釋】 本版單獨刻一「女」字，與〈H11：178〉同，或即相當〈H31：4〉的「卟曰：女」之省。本版疑為周人所刻。

H11：110 征甾人。

【斷代】　周人甲骨。征字作征，殷卜辭則作征，第五期始有作征，但上從口而不從橫畫。及至周金文〈牆盤〉的征字始見作征。

【考釋】　徐、陳釋文皆釋「征」下一字為「巢」，陳謂「此卜辭中之巢似當指安徽巢縣之古巢國。…當是周公東征淮夷時代巢國的記載，故當屬成王時物。」然此屬孤証。殷卜辭中並無「巢」字，而周金文中〈班簋〉的巢字作巢，為一獨體，下象木形。本版「征」後屬二字分書，其下亦絕不從木。因此，釋此字為巢恐仍有待商榷。上一字作由，亦見殷卜辭，如〈粹 1190〉作由、〈甲 3690〉作由，〈英 1977〉有「邮伯」，金文的〈子陝鼎〉作由；皆用為方國名。末一字疑為「人」字之訛。「人」上一橫或為骨紋。

【語譯】　征伐外邦邮人。

H11：111　☑其☑。

【考釋】　本版照相不清，描本更無從辨識。

H11：112　彝文武丁必，貞：王翌日乙酉其宷冊扒☑文武丁豐☑卯☑ナ（佐）王？

【斷代】　商人甲骨。証據：（1）必，又隸作升，屬祭祀鬼神之室，殷卜辭多見在「某先祖必」用牲祭祀。「文武丁必」一例，亦見於殷第五期卜辭，如〈集 36115〉：「丙午卜貞：文武丁必，丁其牢？」（2）貞作貞，見〈H11：1〉。（3）王作王，與〈H11：1〉版同，亦與殷第五期卜辭同。（4）「王宷先公先王」，與〈H11：84〉版同，用法與殷卜辭亦同。（5）「王—其—動詞」例，見〈H11：1〉。（6）ナ，讀如佐，見〈H11：82〉、〈H11：84〉。（7）「彝某先王」，例亦見〈H11：1〉。

【考釋】　扒，徐釋為中；豐，徐釋為豐。亦備一說。「冊扒」，當為宷（祓）祭時稱冊舉旗的祭儀方式。豐，象獻玉以祭之形，為禮、醴字初文。殷卜辭亦見「某先王豐」例，如〈甲 3629〉：「☑子卜，父甲豐？」

【語譯】　在文武丁的祐室舉行常祭，貞問：殷王在次日丁酉時會進行祓祭，並有稱冊舉旗的祭儀，…對文武丁進行獻玉的禮祭，…剖殺〔若干祭牲〕…〔冀求上下鬼神〕輔助時王。

H11：113　辛未王其逐虘（獵），翌亡害。

【斷代】　周人甲骨。逐，殷卜辭字作🐗、🐗、🐗，從止，所驅逐的動物有從豕，偶亦有從鹿、從🐗，可見該字形仍未固定。周原甲骨「逐」字從辵從豕，〈H11：170〉復增繁作🐗。逐字在殷卜辭中仍不從彳，反觀周金文的〈逐篤〉作🐗，增從彳，與本版寫法相同。由此可見本版的時限。「亡害」，例又見〈H11：20〉的「叀亡害」。王作王，與〈H11：3〉周人甲骨相同，而與殷第四期卜辭作王、第五期卜辭作王的字形相異。

【考釋】　殷田狩卜辭逐字後多接獸名，如逐豕、逐兕、逐麋、逐鹿、逐兔、逐🐗等。本版逐字下的「虘」字當也用為獸名。陳氏釋為水名，似不確；徐氏釋為獵，引《廣韻》：「獵，又曰豕也。」可從。翌，陳、徐描本各不同，陳釋為兕，言「即犀牛」，唯由上下文例看，恐非。又，徐氏謂「翌」下缺一字，唯細審照片，「翌」下並無刻字，此當讀為「翌亡害」，即卜問翌日無禍害否的意思。

【語譯】　辛未日周王追逐獵豕，一直到第二天都沒有災禍嗎？

H11：114　🐗巳（祀），其若，奴，叀正（禎）？

【斷代】　商人甲骨。証據：（1）🐗，為否定詞「勿」的異體，習見於殷中晚期卜辭，説參拙稿《甲骨學論叢》〈釋勿、🐗同字〉一文。（2）巳，即祀，字見H11：27。殷第三至五期卜辭多見「🐗巳」例，如〈集27553〉：「🐗巳祝于之，若？」〈屯4325〉：「🐗巳，用羌？」（3）奴，用法與〈H11：1〉同。（4）「叀正」，例又見〈H11：1〉。

【考釋】　奴，陳氏作反、徐氏作🐗；皆有可商。説參拙文〈釋奴〉。徐氏謂本辭大意：「不要祭祀，他已順從歸服正道。」此實屬主觀臆測之詞。若，順也。殷卜辭也有「若」與「正」（禎）連用例，〈集27083〉：「三🐗二示卯王祭于之（此），若，有正？」

【語譯】　不要舉行祭祀，會順利嗎？用奴作為人牲，希望能冀求禎祥？

H11：115　☒商，其舍若☒。

【斷代】　周人甲骨。商，見於〈H11：8〉、〈H11：164〉二版。

【考釋】　商，下從口，陳氏描本較正確。周原甲骨的「商」字均用為名詞，宜為國族或地名。徐文釋此版「商」為賞字，謂：「大意是：賜他舍，順…」，恐不確。陳文謂「商」前一殘豎畫定為「于」字，是可能的。舍，有止息的意思。若，順也。

【語譯】　〔于〕商地止息順利否。

H11：116　☒宬卡（叔）族☒。

【斷代】　周人甲骨。宬叔，又見於〈 H11：37 〉、〈 H11：278 〉。
【考釋】　陳氏描本綴合〈 H11：116 〉和〈 H11：175 〉二版。族，陳釋為「官職也。」恐無據。殷卜辭多言「王族」、「子族」、「多子族」、「三族」、「五族」、「某附庸族」等用例，「族」宜為一軍事單位的名稱。如〈南明616〉：「己亥貞：令王族追召方，及于☒？」〈續5.2.2〉：「己卯卜，ᕯ貞：令多子族从犬族寇周，協王事？五月。」

H11：117　祠自蒿于周

【斷代】　周人甲骨。「祠自某于某」例，參見〈 H11：20 〉。
【考釋】　徐文謂右上角殘字為「曰」，非是。周，或即指岐山周原地，為周人宗廟故址。蒿，諸家均認為是鎬京，今從。
【語譯】　自鎬京至周原進行春祭。

H11：118　☒大乍，其☒。

【斷代】　周人甲骨。乍作匕，見〈 H11：24 〉一版。
【考釋】　本版與〈 H11：59 〉一版能綴合。詳考見前。

H11：119　☒即其三牢☒。

【斷代】　周人甲骨。「其牢」例見於殷第五期卜辭，但對比〈 H11：78 〉的「七牢」、〈 H11：99 〉的「二牢」的牢字字形，今仍置此為周人的甲骨。
【考釋】　即，字殘，陳文釋為无、徐文釋為次，謂有相告意；皆無據。今按字從人首轉向回顧之形，此或即「即」字，當作𩚛，參

〈H11：26〉。卜辭中的即（𠄞）、饗（𨢉）、𠨔屬同一字根，有獻食意。如〈集27138〉：「己酉卜，兄貞：其牢又一牛饗？」用法與本版近似。

【語譯】 …用三牢祭祀，獻食於祖先…。

H11：120　☒

【考釋】 諸字殘闕，不識。

H11：121　𠫓

【考釋】 陳、徐二文的圖版上下相反，今從陳描本。字不確定，或為巳、或為虫。陳無釋文、徐釋為「瓜」，恐無據。本版或為周人習刻。

H11：122　帝

【斷代】 周人甲骨。本版單刻一「帝」字，疑為周人習刻。
【考釋】 帝，陳文釋為「上帝」，不確。一屬孤証，且周原甲骨中〈H11：1〉的「文武帝」、〈H11：82〉的「帝（禘）大戊」等帝字上均從一橫畫，字形與本版同，故此非「上帝」可知。

H11：123　其麗卝（𤎭）。

【考釋】 本版的「其」字寫法草率。徐文釋為「其麗火」，謂「意即將數火」，無據，於意亦不通。陳文釋「卝」為「朕」，亦待考正。「其」下一字，徐、陳均釋為「麗」。殷卜辭並無麗字，此字宜否隸作麗，仍須証明。唯該字用法應為鹿的一種。殷卜辭已有「其鹿」例，〈屯4511〉：「壬申卜，其鹿？」〈集10910〉：「貞：有鹿？亡其鹿？」在這些卜辭中，「其鹿」的用意是占問是否用鹿來獻祭的意思。對照〈屯1998〉：「☒其𪊮鹿☒？」可証。𪊮，作𤜭，又作𤜭，象雙手持隹獻祭於宗廟的意思，引申有獻祭意。拙文《殷墟甲骨文字通釋稿》221頁隸作𪊮，謂：「為祭儀，用於肜、𩵋、酓等祭典中，其獻祭的祭品有豕、虎、鷹、奴隸及貨貝等。如〈拾3.11〉：「貞：𪊮豕于祖☒？」〈掇2.77〉：「乙未卜，其𪊮虎于父甲虜？」〈天82〉：「貞：子賓獲鷹，𪊮于☒？」〈丙54〉：「㞢奴妣己𪊮？」

〈零23〉：「丙戌卜，□貞：巫曰：⿰⿱⺊⿱日丌貝于婦，用，若？一月。」」本版的「⺊」字，或即⿰⿱⺊⿱日丌字之省。

【語譯】　用麗來獻祭。

H11：124　☑車☑乘。

【考釋】　車字作⿰田丨，扶風縣齊家村周遺址四號卜骨的車字作⿰田丨，周〈采伯殷〉的車字作⿰田丨；與此略同。徐氏釋為「旱裘」，謂「即干皮」，無據。

H11：125　五百牛。

【斷代】　周人甲骨。牛作⿰丨屮，寫法與殷卜辭相異。字參〈H11：78〉的牢字，此宜為周人所刻。

【語譯】　用五百牛祭祀。

H11：126　今☑。

【考釋】　本版照相不清。今字作⿱𠆢丨，與〈H11：16〉相同。今下一字，徐文釋春，陳文卻釋秋；皆無據。本版與〈H11：75〉可綴合，當為周人所刻。

H11：127　乙卯⿰豕卜。

【斷代】　周人甲骨。⿰豕卜，字見〈H11：73〉、〈H11：128〉。
【考釋】　徐、陳釋文皆釋為隊、墜字，有待考証。我以為此字固定置於干支後，當為周人「卜」字的繁體寫法。此或有以豕骨占卜之意。因此，⿰豕卜字的理解應為「從豕卜，卜亦聲」。
【語譯】　乙卯日，用豕骨卜問。

H11：128　己酉⿰豕卜。

【斷代】　周人甲骨。參〈H11：73〉。
【考釋】　陳釋為「乙酉」。核對照相，第一字當為「己」，陳說誤。

44

【語譯】 己酉日用豕骨卜問。

H11：129 ☒其☒。

【考釋】 「其」前二字不識，徐釋「泼渁」，陳釋「剙形」，無據。

H11：130 叀正（禎），受又（有）又（佑）？

【斷代】 商人甲骨。「叀正」、「受又又」，均為殷卜辭中習見文例。參〈H11：82〉。

【考釋】 本版二句的讀法，據〈H11：82〉、〈H11：84〉的文例。陳釋為「受又又自正」，前後順序有誤。

【語譯】 冀求禎祥，能得到鬼神的保佑嗎？

H11：131 自不㫃

【斷代】 周人甲骨。參見〈H11：108〉。

【考釋】 㫃，周原甲骨中又作杙、㫃。陳文釋「不棓」為人名，但相對〈H11：172〉一版的「自㫃」，可証「不棓」的用法並非人名。徐文釋：「非人名，而是指用大指榴木」，對照〈H11：108〉徐氏又釋杙為：「載之俎的牲體」，前後互異，可見皆屬想像之詞。這一辭例的用意，詳見下編的〈釋杙、㫃、㫃〉。

H11：132 王酓（飲）☒。

【斷代】 酓，即飲字省，字見於殷卜辭，一般用為鬼神飲用，有受嘗之意。殷第三期卜辭亦見「王酓」例，如〈集32344〉：「叀邑王酓？」〈集32345〉：「叀邑王酓？」二版的王字作土。本版王字則作玉，與〈H11：3〉版寫法同。因此，本版如由文例看可置於殷人甲骨；但如由字形看，則宜視為周人甲骨。由於文例可以沿用，字形的差異卻不好解釋，本版斷代暫以周人所刻為是。

【考釋】 飲下一字不識，徐釋為「捄」，言「捄，即取字，取為櫑字的假借。此片卜辭，即王溫酒待飲。」，釋讀太轉折；陳承李學勤先生〈周原卜辭選釋〉釋為「猋」，實亦無據。

H11：133　丁卯王才（在）☒。
　　　　　　三牢。

【斷代】　王作𝔵，字形見於殷第二至四期卜辭。才，殷卜辭都借「才」為「在」，與本版同。殷第五期卜辭常有「干支王在某地卜」之例，如〈集24256〉：「庚午卜，王才（在）庚卜。」。反觀周金文亦有才作屮，〈𨞯卣〉：「己酉王才（在）徐」，用法與本版亦同。唯本版「牢」字作𡘙，從牛的寫法與殷卜辭作𤓷異。殷卜辭中牛羊字兩耳分別上豎作𤓷、𦍌，及至周金文才有訛成一橫畫，如牛作𤓷，見〈昌鼎〉、〈師寰簋〉，羊作𦍌，見於〈昌鼎〉、〈衛鼎〉，牢作𡘙，見於〈貉子卣〉，牪作𤚩，見於〈靜簋〉、〈大作大仲簋〉，牲作𤙅，見〈盂鼎〉。「三」字中間一橫畫長於上下二橫，與一般三字三橫平齊（如〈H11：1〉、〈H11：119〉）不同，疑為周人的習刻。根據以上文字、文例歸納的結果，前一條自可理解為商人或周人所刻，而後一條則應視為周人的作品。由此，吾人自應據刻寫下限判斷本版為周人的甲骨。然本版二辭例在刻寫上一直一橫，彼此意義上又不相接，陳、徐二氏的釋文把它們連讀是不恰當的。這兩條刻辭是否屬於同時所刻，恐怕仍是一個問題。如果由這方面考量切入，推論前一條為商人所刻、後一條為周人補上，也不是沒有可能的。就目前看，我是比較傾向於後一種想法。

H11：134　王☒。
　　　　　𢼸巳（祀）？

【斷代】　商人甲骨。証據：（1）王字作𝔵，字形見殷第二至四期卜辭。（2）𢼸—動詞，用法見於殷中、晚期卜辭。（3）祀字作巳，與殷卜辭同。參〈H11：27〉。
【考釋】　本版照片不清晰，「王」後一字，陳釋為卯、徐釋為閉，又通為閑；皆不可靠。

H11：135　自不朼。

【斷代】　周人甲骨。文例與〈H11：108〉同。自字作𦣻，與殷卜辭的寫法亦不同。朼字下殘斷，或即楷字，見〈H11：131〉。

46

H11：136　今𦼮（秋）王屯☐克，往𡧛（密）。

【斷代】　商人甲骨。往字作ㄓ，又見〈H11：80〉，與殷第五期卜辭的寫法相合，而與〈H11：15〉周人甲骨作ㄓ形不同。

【考釋】　「今」下一字不清，暫據陳、徐釋作秋。殷卜辭多「今秋」例。密，地名，陳、徐釋文均謂即《尚書大傳》中文王三年伐密須的密須；今仍存疑。王，徐描本作王，陳描本作王；細審照片，以陳氏描本作王是。

H11：137　☐

【考釋】　字模糊不清，無法辨識。

H11：138　☐𣏾☐。

【考釋】　字不識。陳釋為「祀鵬」、徐釋為「辦乙」；皆無據。字又見〈H11：29〉版周人甲骨。陳氏描本把本版與〈H11：160〉綴合。

H11：139　己☐。

H11：140　☐

【考釋】　照相不清，徐釋為雀，陳釋為佳，唯據描本殘字看皆不確。

H11：141　弜巳（祀）？

【斷代】　商人甲骨。例見〈H11：114〉、〈H11：134〉等。
【考釋】　照本不清，今從陳、徐描本釋。本版屬殘片，未審用為對貞否。

H11：142　☐

47

【考釋】　字殘不識。陳氏釋為「其」，不確。

H11：143　三。

【考釋】　此字由三條不平齊的刻畫組成，或為「三」，字與〈 H11：133 〉「三牢」的三字相似。本版陳氏無釋，徐氏由另一角度釋此字為「少」，亦備一說。唯核對〈 H11：146 〉、〈 H11：150 〉等版所出現獨立的數字例，此處仍宜讀為「三」。未審是否卜序。

H11：144　七年☑。

【斷代】　周人甲骨。參〈 H11：64 〉「六年」例。
【考釋】　本版徐、陳二描本稍有出入，但均釋此為「甲申」，然而第二字與「申」字寫法明顯不類；存疑待考。

H11：145　干

【考釋】　照本不清，今據徐氏描本釋為「干」。

H11：146　一。
　　　　　☐。

【考釋】　第二列的字模糊不識，徐、陳均釋為「隹」，不確。

H11：147　☐

【考釋】　字不識，徐釋為「任鳥」，陳釋為「鹿」，無據。

H11：148　商。

【考釋】　字作 丙，隸作商。字又見〈 H11：115 〉版周人甲骨。徐氏描本有誤，釋作「辰」，亦無據。

H11：149　☐

【考釋】 本版見一交叉的刻畫，未審是否成字。徐文無釋，陳文釋為「王」，是錯誤的。字或為「干」，與〈H11：145〉版同。

H11：150 一。
　　　　　　　馬。

【考釋】 本版左上角疑為「馬」字。徐釋為「乎眾」，無據。

H11：151 □□

【考釋】 本版第一字作 ，徐、陳均釋為正。唯可疑有兩點：（一）周原甲骨中諸「正」字上一畫均呈橫畫，唯此字形首畫斜出。（二）周原甲骨諸「正」字作 ，豎畫不出頭，唯本版此字形豎畫出頭。可見此字不是「正」。徐釋第二字為止，但字形不類，文意亦不可解。

H11：152 辛。

【斷代】 周人甲骨。單刻一天干，疑為周人習刻。字形參〈H11：113〉、〈H31：3〉。殷卜辭一般辛字則作 、 。本版文例可參〈H11：247〉的「甲」、〈H11：213〉的「癸」。

H11：153 夊（庶） （蠻）

【斷代】 周人甲骨。庶字又見〈H11：74〉。此辭例不見於殷卜辭。

H11：154 □乎（呼）見□。

【斷代】 商人甲骨。「呼見某方」例習見於殷卜辭，又見〈H11：92〉一版。

H11：155 □

49

【考釋】 本版照本不清，徐氏描本釋作「六六其」，有待商榷。

H11：156 虫

【考釋】 字作⺌，與一般虫字尾部向上彎曲狀稍異，如〈H11：22〉。今暫仍隸作虫。

H11：157 曰

【考釋】 陳釋為曰，而徐氏釋作「日」，非是。

H11：158 五

【考釋】 本版照相不清。由描本看，「五」字旁多出的一度斜畫較淺，應與該字無涉。徐、陳釋作「网」，在周原文字屬孤証，其寫法與殷周文字亦不類，恐非。相對的，周原甲骨中有若干單獨刻一數字例。此宜釋作「五」。

H11：159 自☐。

【斷代】 周人甲骨。自作𦣞，與〈H11：172〉版字形同。

H11：160 ☐

【考釋】 字殘作𢆼，徐、陳均釋為辛字。唯周原甲骨的辛字下當有一橫畫，如〈H11：152〉。此版與〈H11：138〉可綴合。

H11：161 ☒五☒。

【考釋】 本版照相不清，徐釋為「五牢」、陳釋作「牛五百」，皆無據。周原甲骨的五字皆作𝗫，如〈H11：2〉、〈H11：189〉、〈H11：276〉。

H11：162 ☐

50

【考釋】　字不識，徐本無釋文，陳釋為佳，恐非。

H11：163　中

【考釋】　本版字殘，陳、徐描本上下倒置。徐無釋文，陳釋為中，今暫從陳說。唯中字在甲、金文都作 ，中間從口的部份都不從 。此字恐仍待考。

H11：164　☑㦷商☑。

【斷代】　周人甲骨。㦷有持戈攻擊的意思，《說文》讀若踝。此詞言「㦷商」，宜為周人所刻。

【考釋】　本版的照相，徐本倒置，互參陳本照相可知。二氏的描本亦有出入，「㦷」前一字，徐釋為「王」，細審照片，實無法辨識。「㦷」字，徐釋為「若」，唯與周原甲骨中〈H11：114〉、〈H11：115〉二版的若字作 的寫法不類。今從陳氏釋文。

H11：165　☑

【考釋】　據照片字作主，疑為王字。徐文無釋，陳文釋為「佳」，恐不確。

H11：166　☑

【考釋】　字殘不識。徐文無釋、陳釋為「周」，無據。

H11：167　☑王鼎（貞）。

【斷代】　周人甲骨。審諸照片，王字作玉，下橫稍作弧形，見於周原中周人所刻的甲骨，如〈H11：3〉。「王貞」例早見於殷卜辭，如〈集23248〉：「癸丑卜，王貞：翌甲寅王其賓父丁必？」然殷卜辭「貞」字多作 、 、 等，卻罕見本版的鼎形。今定為周人所刻，字與〈H11：10〉、〈H11：13〉版同。

【語譯】　…周王貞問。

H11：168　蚩二冑？

【斷代】　商人甲骨。文例見〈H11：174〉版。
【考釋】　陳氏描本見本版與〈H11：268〉相綴合。二，徐氏釋為上，似失。該字形兩橫平齊，且由〈H11：237〉版有「蚩三冑」之例，可反証此版應該釋為數詞的「二」。
【語譯】　用二甲冑為祭品？

H11：169　□

【考釋】　字殘作ᐁ，或與〈H11：63〉的「ᐁᐁ」字同。

H11：170　庚子□邀（逐）其四□。

【斷代】　周人甲骨。周原甲骨干支的子作𩵋，子爵的子作𢍰，用法與殷卜辭相承。邀字參考〈H11：113〉一版，知為逐字的繁體，此為周人的特殊字例。
【語譯】　庚子日〔周王〕追捕〔某獸〕四頭…。

H11：171　□牵（敦）□。

【考釋】　字殘，陳文隸作高、徐文釋為「亢斗」，皆不合。由照片見該字從高之下隱約見有羊角形，字疑為敦之殘，當隸作牵，即敦伐字。

H11：172　自㭭。

【斷代】　周人甲骨。文例見〈H11：108〉。
【考釋】　徐釋「自」前有一「乙」字，本版徐、陳均不附照片，細審描本，所謂「乙」字偏於一旁，此恐只屬骨紋。由文例看此詞前亦不應有字。㭭字，徐、陳描本稍異。陳本作㭭，釋為楷，徐本作㭭，釋為哲，通晰，析等字。今以陳本為是。

H11：173　□

【考釋】　字形作冂，陳氏釋為「門」，唯字形不類。恐非。

H11：174　貞：王其𠂤（師），用胄，叀二胄，乎（呼）㚔受，叀不（丕）每（敏）王？

【斷代】　商人甲骨。由貞字作𠂤，與〈H11：1〉版同；王字作王，與晚殷第五期卜辭合，可証。

【考釋】　本版沒有照片，只有描本，而徐、陳二氏的描本又不一致。今暫從陳本為準，理由：（一）徐本第一行「貞：王其」後釋作「乙旦」，謂：「乙旦，即某一日」，於文義不可解，「旦」字的寫法亦怪異，恐不可靠，反觀陳本釋為「𠂤」，言王在師旅。此與下文言用軍帽祭祀意上下相連，較可從。（二）徐氏描本第三行的「㚔」字作㚔，按常態字例，此右旁應缺漏一手形，反觀陳本所摹的㚔形較為合理。（三）徐本中的王字，一作王，另一作王，同一辭例的前後字形並不統一，反觀陳氏描本皆作王，故比較可靠。（四）第三行的末一字，徐本作王，陳本作受，二字字形差距很大，其中當有一個是誤。今看徐描本可能是因為第四行末有王字而重複於此。總上數點，陳描本似乎比較可靠。「叀二胄」，據〈H11：168〉文例較，「叀」與「胄」之間一字當為數詞。然陳、徐釋文均作「乎」，恐怕是因字中間的豎條骨紋而誤讀的。

〔語譯〕　貞問：殷王在師旅中用軍帽祭祀。〔此次〕用二個甲胄獻祭，冀求鬼神在這被祭受佑，並大大的彰顯時王的美德。

H11：175　宬☒。

【斷代】　周人甲骨。參〈H11：37〉一版。
【考釋】　據陳氏釋文，本版與〈H11：116〉可綴合。

H11：176　𣂪

【考釋】　本版無照片，暫從徐、陳的描本楷定。唯字不識，字形與〈H11：57〉一版中殘字相近。

H11：177　七六六六七六

【斷代】　周人甲骨。參〈H11：7〉、〈H11：81〉等版。
【考釋】　本版無照片，徐、陳描本亦不一致。徐氏作「七六八六七六」，陳氏則作「七六六七六」。周原一般卦畫符號均為六位數，因此陳的釋文明顯是缺了。今據陳描本補正。

H11：178　女。

【考釋】　徐釋此為「汝」，未知何據。甲骨上單獨刻一「女」字，未審是否只是習刻。〈H31：4〉一版的「卜曰：女」，是指是次占問的結果是生女。本版或為此意之省略，宜為周人所刻。

H11：179　癸。

【考釋】　本版無照片。按徐氏描本殘畫釋。本版單刻一「癸」字，用意未明。或為周人所習刻的天干字，文例見〈H11：152〉。

H11：180　一五◨。

【斷代】　周人甲骨。周人卦畫數，例參〈H11：7〉等版。
【考釋】　本版無照片印証，今據徐氏描本釋。唯徐氏描本橫放，宜正。「五」下一殘字，徐釋為「十」，恐無據。

H11：181　亞

【考釋】　此字隸作亞，唯字形與一般甲金文寫法不類，仍待驗証。

H11：182　□

【考釋】　字不識，徐氏釋為「沇」，恐怕是錯誤的。

H11：183　□

【考釋】　字殘不識，陳氏釋為「隹」，無據。

H11：184　兜

【考釋】　字不識。徐文釋為鬼，唯〈H11：8〉的鬼字作禺，無論是鬼頭的形狀或從人的寫法均與此異。由此單一殘字無由判斷是鬼字。陳氏所繪的描本字形則作㠯，隸作周，恐與字形亦不合。

H11：185　癸巳▢。

【考釋】　本版無照片，據描本看，「癸巳」二字殘畫不清，寫法與一般古文字的「癸巳」亦異。今暫從徐、陳所釋。第三字徐釋作「嗇」、陳釋作「峰」，由字形看實無由判斷，恐皆非。

H11：186　出兆。

【考釋】　本版無照片，無從核對。今暫據徐描本釋。此言離開兆地的意思。

H11：187　乙丑豕。

【斷代】　周人甲骨。文例與〈H11：127〉相同。
【考釋】　前二字描本皆不清晰，暫據陳、徐釋文。
【語譯】　乙丑日用豕骨占卜。

H11：188　自不皆。

【斷代】　周人甲骨。文例多見前，本版徐、陳均不附照片，末一字二描本亦各異，徐本作㘏、陳本作皆。今恐以陳氏所描為是。徐本如非漏描，亦可理解為楷字省文。徐文釋作「曰不（丕）顯」，謂：「即言大明也。」這是錯誤的。陳氏以「不楷」為人名，亦不正確；說已見〈H11：131〉版釋文。

H11：189　正（禎），王受▢其五。
　　　　　曰：吉。

【斷代】　商人甲骨。証：（1）正，讀如禎。例見〈H11：1〉。

（2）王字作王，與殷第五期卜辭字形合。（3）「王受（又）」例習見於殷卜辭。（4）吉字作吉，與殷第五期卜辭寫法相同，而與〈H11：26〉、〈H11：48〉、〈H11：54〉諸版周人甲骨的吉字作吉相異。周金文有承商人寫法作吉〈賢簋〉，亦有承周人寫法作吉〈敔簋〉。

【考釋】　陳釋文由右讀起，可商。徐釋文謂此片大意：「周王進行了五次正祭，每次都大吉大利。」亦是不對。此言卜問禎祥，殷王受佑否，然後記用祭牲數五頭。末附視兆判斷的囿詞「曰：吉。」

H11：190　☐

【考釋】　字殘作凵形，不可識。

H11：191　☑用☑。

【考釋】　本版描本，徐、陳各不同。今暫依徐氏描本釋。陳氏收此片在雜卜93片，隸作「周王☑」。然審周原甲骨作封號的「周」都是從口作周，如〈H11：82〉、〈H11：84〉，字形與本版異。陳說恐非。

H11：192　☐☐

【考釋】　二字均不識。

H11：193　☐

【考釋】　字從止，不可識。

H11：194　☐

【考釋】　字作儿形，不可識。

H11：195　☐

【考釋】　字殘從口，不可識。徐本無釋文，陳釋為「月」。查周

原甲骨的「月」字均作 ⊅，如〈H11：2〉、〈H11：40〉等，字中間有一豎點，與徐氏描字不同。此處釋為「月」，待考。

H11：196 □

【考釋】 本版並無照片，徐文釋為「尤」，此屬孤証，未審對否。

H11：197 ☑ 。

【考釋】 本版無照片，徐本釋為「乙左」，文意不可解。細審描本，此説恐是有問題的。

H11:198 □

【考釋】 字上首殘缺，徐釋為兄（祝），陳釋為夙；待考。

H11：199 □

【考釋】 本版無照片。徐本釋亥、陳本釋往。今據亥和往字常態的字形看，二説恐皆非。

H11：200 巳（祀），其□才（在）□。

【斷代】 商人甲骨。巳，讀如祀，參見〈H11：27〉版。周原甲骨的祀字均作 ⸛，反觀殷卜辭中祀字的流變，由早期的 ⸛ 而 ⸛ 而至第五期的 祀，周金文的祀字一般則從示作 祀，如〈天亡 殷〉。因此，本版宜為商人所刻。

【考釋】 末一字為地名，徐本釋為「芷」，陳本釋為「茈」；唯據描本看，字從止，但字首與一般的「艸」「从」形構卻不同，待考。

H11:201 兒

【考釋】 本版無照片，徐氏釋為見，陳氏釋為兄（祝）。周原甲骨的見字作 ⸛〈H11：102〉、⸛〈H11：92〉，從目部份中間都

含二豎畫。然本版此字首中間只有一橫，應不是「見」字。據徐、陳二描本，字首亦不從口，又不宜隸為「兄」字。今暫隸作 見（貌）字，聊備一說。

H11：202　□

【考釋】　本版無附照片。此字不識，徐釋為「冑」，陳釋為「丙兄」，可能都是錯的。周原甲骨的冑字作 ⿰（H11：174），與本版字形相異。陳釋「丙兄」，文意亦無解。

H11：203、H11：204

【考釋】　徐氏以為無字，描本均缺；說見該書125頁末。陳釋〈H11：203〉：「其年」、釋〈H11：204〉版則歸入無法別識類。今均從闕待考。

H11：205　□

【考釋】　字殘，陳無釋文，徐文釋為「兀」，無據。

H11：206　☒八。
　　　　　　☒。

【考釋】　本版徐釋為「八八弓」，無據。左下角的符號釋為「弓」是不可靠的，而圖下的殘字作「八」字講，恐亦不恰當。

H11：207　九☒。

【考釋】　此「九」字下是否另有偏旁而組成他字，仍未敢一定。

H11：208　☒。

【考釋】　字殘不識。

H11：209　□

【考釋】　　徐、陳的描本相互顛倒。徐文無釋，陳文釋為「吉」，可能是對的。

H11：210　☑
　　　　　　其五☑。

【考釋】　　第一行的殘字不可考。徐氏釋為辛、陳氏描本作王，釋為王。二家描本的形體差別很大，恐都有自由心証之嫌。「五」字後一字，徐氏釋為四、陳氏釋為牛，但據常態字形看亦都不像。本版文字有待重新核查的必要。殷卜辭「其」後有接數詞的用例，如〈集22598〉：「庚申卜，王貞：其五人？」〈集36354〉：「其廿人正，王受又？」數詞之後均接祭牲。

H11：211　☑

【考釋】　　描本字殘不識，徐、陳描本亦不同。

H11：212　□

【考釋】　　字殘，作∧形。

H11：213　癸。

【考釋】　　本版單獨刻一「癸」字，例與〈H11：179〉同，字義恐非單獨的天干或人名等實用功能。其意義仍待觀察，或屬周人的習刻。本版右邊有二橫刻畫，未審是否文字，陳、徐二描本於此字形長短不同。陳無釋文、徐釋為「二」，仍待考。

H11：214　四。

【考釋】　　字作三，見〈H11：40〉、〈H11：170〉等。本版單獨刻一「四」字未審為卜序否。描本未見兆紋，此宜核對原物查証。徐文的字表收此入「形」字下，恐非。互較〈H11：158〉的「五」、〈H11：143〉的「三」、〈H11：150〉的「一」等例，可知此

宜為數詞的四。

H11：215　□

【考釋】　字形不識。

H11：216　☑

【考釋】　字形不識。

H11：217　六。

【考釋】　本版無附照片，徐本釋為「入」或「六」，待考。今暫定為六字，例參〈H11：214〉版。

H11：218　□

【考釋】　描本中單獨一字，不識。徐氏釋為式，恐怕是不對的。

H11：219　☑

【考釋】　描本不清，字不識。

H11：220　□

【考釋】　描本下邊有一刻畫，徐氏釋為「一」，待考。

H11：221　□

【考釋】　描本下左方有一直豎，徐釋為「十」、陳釋為「小」；仍待核對原物。

H11：222　用，隹（唯）咎。

【斷代】 周人甲骨。咎字描本作🔸，與〈H11：60〉咎字作🔸、〈H11：28〉作🔸相近。

【考釋】 陳、徐二描本有出入。用，陳文釋為周，不確。咎，徐文釋為杏、陳文釋為告，就字形、文意看皆不可解。過去我曾釋此字為「吉」，殷卜辭已習見「唯吉」例。然商人吉字作吉、周人吉字作吉，與本字皆異。因此，就字形看此應是「咎」字的異體。〈H11：72〉、〈H11：246〉均有「王用」例，此處「用」字的主語宜亦為「王」。

【語譯】 用🔸祭牲，會有禍害嗎？

H11：223 □

【考釋】 描本見右上角隱約刻一直角形，徐、陳釋文均作「示」，存疑。〈H11：250〉有「示」形作🔸。

H11：224 自

【考釋】 本版單獨刻一「自」字，未審何意，或為習刻，或為「自不杠」一詞之省。「自」字字形與一般寫法稍異，例見〈H11：244〉。

H11：225 ☑

【考釋】 本版並無照片。徐氏描本釋為「六旬，八旬」，唯釋旬字的🔸，與一般甲骨、金文的旬字作🔸形相異，且上下文意亦不可識，恐非。

H11：226 ☑

【考釋】 本版描本不清，徐氏釋為「且乙」，但於字形筆順看亦不可靠。

H11：227 □

【考釋】 字形不識。徐書本版實即相當於陳書的〈H11：229〉一版，徐書的〈H11：227〉漏收。

H11：228　□

【考釋】　本版既無照片，徐、陳二家亦無描本。徐氏認為無字，陳文歸諸無法別識類。

H11：229　☑

【考釋】　徐本認為無字，不收本版，陳描本則置於雜卜類106片，釋作「既」。唯該字描作𣂪，與常態的既字寫法亦不類。未審對否。

H11：230　□

【考釋】　字殘不識。徐、陳的描本各異。

H11：231　☑

【考釋】　描本字跡模糊，不可辨識。

H11：232　☑ 其于伐。
　　　　　　𨔵☑。

【考釋】　「其于」例見於殷卜辭，例後接砍首的人牲「伐」，亦與殷卜辭的用法相同，如〈集4975〉：「貞：其于一人？四月。」〈集36354〉：「其二十人，正，王受佑？」〈集35931〉：「其牢又一牛？茲用。」𨔵，字不見於殷卜辭而見用於〈過甗〉、〈威簋〉、〈彔簋〉、〈𨔵鐘〉等周金文，作為國族名和地名。「𨔵」下字殘，徐釋為「侯」，據字頭部份看恐怕不是。兩條辭例一直一橫，刻寫方式異於常態，有可能不是同一時期刻寫的東西。這情況可參考〈H11：92〉、〈H11：133〉二版的釋文。

H11：233　☑ 其王。

【考釋】　王字作王，徐、陳描本稍有出入。「其」後接「王」字例，用法特殊，不見於殷卜辭。文意亦待考。王字的字形與〈H11：

3 〉等周人甲骨的王字又不同，此字是否當理解為王字仍是問題。

H11：234　小

【考釋】　據徐氏描本作「小」，陳氏描本只有兩點，歸諸不可辨識類。字刻於甲骨中間，用意不明。

H11：235　☒六六十

【斷代】　周人甲骨。卦畫數的例子多見於前。

【考釋】　本版徐本認為無字不收，陳本置此於卦畫符號類第8片，作「六六十」。其中用「十」一數的卦畫此屬僅見，可惜陳本沒有附照片，無從核對。今暫從陳氏描本釋文。〈H11：180〉版卦畫殘字，徐氏有釋為「十」，可惜不見得可靠。周原數畫中是否確有「十」，目前我們仍是持保留態度。

H11：236　□

【考釋】　本版據徐氏描本釋作「以」，唯用義不明。扶風縣齊家村出土的西周卜骨一號「以」字作ㄥ，與本版稍異。今從闕待考。

H11：237　叀三胄？

【斷代】　商人甲骨。文例見〈H11：168〉、〈H11：174〉等。

【語譯】　用三甲胄為祭品？

H11：238　☒

【考釋】　徐、陳描本不同，未審孰是。徐釋為「乙口」，陳釋為「鹿」；皆附會。

H11：239　（正）　令
　　　　　　（反）　□其

【考釋】　徐氏描本認為無字，故不收，今據陳氏描本〈雜卜〉類109片補。「令」字字形不清，陳釋為「命」。今就字形釋作「令」，

唯用意不詳。

H11：240　□

【考釋】　字不清。徐、陳二描本亦不一致。徐本釋為「卜」，唯字形與周原甲骨其他「卜」字如〈H11：38〉、〈H11：52〉等寫法不同，恐非；陳本釋為「其」，亦待考。

H11：241　□

【考釋】　字不識，徐氏釋為「隹」，但與周原甲骨的隹字如〈H11：2〉、〈H11：222〉等版寫法不類。

H11：242　□

【考釋】　字不識，或為雚。徐釋為「羌」、陳釋為「敬」，均待考。

H11：243　□

【考釋】　字殘，或從口。

H11：244　自。

【考釋】　字參〈H11：224〉，可能是周人習見文例「自不楷」之省文。

H11：245　自。

【考釋】　字與〈H11：224〉同。

H11：246　王用。

【斷代】　商人甲骨。王作王，與殷第五期卜辭寫法同。例見〈H11：

64

72 〉。

【語譯】　先王接受此次祭祀。

H11：247　甲。

【考釋】　字作＋形，四周並無他字。徐釋文：「甲或七」、陳釋為「甲」。本版形式與〈 H11：179 〉單獨刻一「癸」字同，但用意仍不詳。或為周人的作品。

H11：248　虫☑。

【考釋】　本版無照片，徐釋為「隹辛」、陳釋為「虫不☑」。虫字作ψ，與〈 H11：174 〉字同，與〈 H11：237 〉作形近。周原甲骨有「虫」字後從「不」之例，如〈 H11：47 〉，卻沒有後隨干支例。因此，「虫」字後一字宜為「不」。且審周原甲骨的「辛」字例，字下一直橫都沒有如本版作一下彎弧形者。因此，釋此為「辛」，恐怕是有問題的。然而，周原甲骨的「不」字作不、不、不，兩斜點明顯分書，與本版的所謂「不」字作不，二斜點明顯連成一弧線亦不同。因此，此字似乎又與「不」字的寫法相違。今存疑待考。

H11：249　☐

【考釋】　字殘不識。

H11：250　☐

【考釋】　字作示，形與「示」相近，唯周原甲骨的示字僅此一見，其他從示旁的字如祠、禦均從二橫作示，故此字是否為「示」仍待考。

H11：251　☑

【考釋】　描本不清，徐氏釋為「八、一木、一」，恐怕是不可靠的。文意亦無由解釋。

H11 : 252　□

【考釋】　字不識，或從口。

H11 : 253　□

【考釋】　字無法辨識，徐釋為「弜」，恐無據。

H11 : 254　☒

【考釋】　描本不清。

H11 : 255　□

【考釋】　徐氏釋作「戈」，陳無釋文。唯「戈」字在早周以前的
字形都作　，與此形狀不合。待考。

H11 : 256　□

【考釋】　徐、陳描本各異，讀片的方向亦上下不同。徐釋為「射」，
陳釋為「毌」，恐皆非。本版宜重新審核原骨。

H11 : 257　□

【考釋】　本版徐釋為「卜」，唯字形與周原一般的「卜」字相違。

H11 : 258　□

【考釋】　字形不識。徐氏釋為「戈」，恐非。

H11 : 259　□ 双

【考釋】　第一字徐氏無釋，陳氏釋為「鳳」（風），無據。第二

字從二又，徐釋為「友」、陳釋為「佑」。此處徐說較合，唯其用意仍待考。

H11：260　□

【考釋】　本版甲骨上有二不平齊橫畫，未審是刻畫數字抑是骨紋。徐文釋為「二或上」。然是否成字，仍待考。

H11：261　☒王☒

【考釋】　王字作王，下一橫畫平齊，與殷第三、四期卜辭寫法相合。本版似為商人所刻。「王」前一字上半殘缺，徐釋為「商」，唯商人不會直呼其王為「商王」，而周人稱商為「衣」，見〈H31：2〉，對商王則稱「衣王」，見〈H11：3〉一版。因此，此言「商王」，恐有可商榷處。陳釋此為「貞」字，然又與周原甲骨一般「貞」字作𠂤、作鼎不同；今從闕。「王」下一殘字，徐釋為彡（肜）。殷卜辭有「王肜」例，然周原甲骨中並無「彡」字，此為孤証，且此殘字從四斜畫，與殷卜辭習見的彡字亦異。此辭是否與王舉行肜祭有關，仍待考。

H11：262　☒巳（祀）。

【考釋】　本版的巳，讀如祭祀的祀，與〈H11：76〉版的寫法同，或為商人所刻。「巳」前一字不清，徐、陳的描本各有出入。徐釋為唯，陳釋為秋，均具成見。可惜本版並無附照片，無由判斷。

H11：263　☒七六六☒。

【斷代】　周人甲骨。說見〈H11：7〉。
【考釋】　徐氏本版認為無字，故缺描本，釋文則錯置在〈H11：265〉片下，作「六六七」，陳氏置本版於其書卦劃符號類第七片，作「七六六」。今據陳氏描本釋。

H11：264　□

【考釋】　本版無照片，徐、陳描本又不一致。徐無釋文、陳釋此為「公」，未知對否。今闕以存疑。

H11：265　□

【考釋】　字不可識，從止。

H11：266　□

【考釋】　描本不清，無法釋別。

H11：267　□

【考釋】　描本不清，無法釋別。

H11：268　☑

【考釋】　徐、陳二氏均缺描本。徐氏認為無字。

H11：269　□

【考釋】　字殘，不可識。

H11：270　□

【考釋】　徐、陳描本各不同，徐釋為「自」，未審是否。

H11：271　□

【考釋】　字不清，從又。徐本釋為「見」，仍待考。

H11：272　于☑。

【考釋】　徐氏認為無字，描本不收，陳氏置本版於其書雜卜類122

68

片，釋作「于」。今據陳氏描本釋文。

H11：273　徝(德)□

【考釋】　本版第二字形構，徐、陳二描本各不同。徐釋為卸(御)。唯待覆查原片。

H11：274　一。
　　　　　二。

【考釋】　徐氏本版描本即相當於陳氏本的〈H11：272〉一版倒置，徐釋為「乍」。本版號徐本恐有誤。陳氏的〈H11：274〉版描本置於其書附錄，只有兩組短畫作「一」、「二」。今據陳本排列，此二數字或相當於兆序。

H11：275　□

【考釋】　字形不識。

H11：276　五。

【考釋】　五字作Ｘ，字形與〈H11：2〉版相同。

H11：277　□隹。

【考釋】　徐、陳二描本不同。「隹」上一字徐釋為「卜」，陳釋為「曰」，差距很大。「隹」字的寫法，二氏描本亦各異。待考。

H11：278　宬未(叔)。

【斷代】　周人甲骨。參〈H11：37〉版。

H11：279　☑。

【考釋】 字不清，或為「一人」二字。

H11：280　□馬。

【考釋】 馬的前一字殘，不識。

H11：281　□

【考釋】 徐、陳二描本不同。徐釋為「丘」，字殘待查。

H11：282　□

【考釋】 字形不識，描本亦模糊不清。

H11：283　□

【考釋】 字形不識，徐、陳描本亦各異。

H31：1　巳（祀），唯ナ（佐）。

【考釋】 由祀字的寫法，或屬晚商時期所刻。唯同坑有字甲版都屬周人的東西，此仍存疑待考。本版徐、陳均無附照相，徐氏描本只有「巳唯」二字，陳氏描本則在「唯」字旁多一「夕」，隸作左，此未審確否，仍待查原片。然據上下文意看，「巳唯」一句無解，反觀「祀，唯ナ」的意思是比較完整的。ナ，讀如佐。互參〈H11：82〉的「亡ナ（佐）□王受有佑？」、〈H11：84〉的「不ナ（佐）于受有佑」，文例相同。H31坑「唯」字都增從口，其時限明顯比H11坑只作「隹」的寫法晚。

【語譯】 舉行祭祀，得以輔助時王受佑。

H31：2　唯衣（殷）雒（奚）子來降，其執眔（暨）厈（厥）史。才（在）游爾卜，曰：南京彀其乍。

【斷代】 周人甲骨。証據：（1）由「殷奚子來降」一句的文意。（2）乍字字形與周金文同，參〈H11：24〉版。（3）句首發語

70

詞「唯」，從口從隹。殷卜辭一般都作「隹」。

【考釋】　雞子，陳文釋為「箕子」、徐文釋為夏時癸仲的後人癸子；此仍待進一步的資料考証。由上下文看，癸子為殷貴族，所以才會率領其執和其史等屬吏來降。「其執眾▢史」一句省略動詞，「其」和「▢」當用為上一句「殷癸子」的代詞，故全句應理解為：殷癸子和他所執管的部屬和史官一起來歸降順的意思。此兩句實點出下文「卜」的時間。「唯」字句在這裡的用法是特定史事帶出要交代的時間，即「當…時候」的性質。斿，據照相明顯的作▢，徐釋為斿、陳釋為旂；今按恐以徐說為是。斿，在此用為地名。爾，周原甲骨中僅見。爾的用法，或為人名，或與斿字連用成詞，作為地名，即：在斿爾一地進行占卜。今恐以前一說人名為近。南宮▢，宜為人名，卜辭不見。其，助詞，有強調主語的功能。乍，徐、陳均釋為酬酢的酢，可從。

【語譯】　當殷癸子率領其部屬官吏來朝歸順時，在斿地的卜官爾進行占卜，〔據卜兆判斷〕說：由南宮▢來接待。

H31：3　八月辛卯卜，曰：其瘦（夢）攺（啓）。

　　　　　　往，▢亡咎？▢（獲）其五十人。

【斷代】　周人甲骨。「▢亡咎」，例見〈H11：28〉等版。

【考釋】　辛，字作▢，參見〈H11：113〉、〈H11：152〉，字與殷墟卜辭作▢、▢形不同，故宜為周人所刻。瘦，陳、徐二描本不同。陳氏釋為夢字或體，徐氏則釋為瘺，病也。細審本版放大照片，陳氏的描本較為正確，宜為夢字。攺，即啓字。陳釋為取，不確，此字明顯不從耳，故宜從徐氏釋啓。殷卜辭已有卜「夢啓」例。如〈集122〉：「貞：王夢攺，隹禍？」「王夢啓，不隹禍？」往，陳氏描本作▢、徐氏描本則作▢，核對照相宜以徐本為是，字形又見〈H11：15〉。▢，通作隻，即獲字。徐氏釋為殷，不確。本版照相中的字形明顯從隹從又。

【語譯】　八月辛卯日進行占卜，〔據卜兆判斷〕說：有夢發生。　往〔征伐〕，沒有禍害嗎？結果捕獲五十人。

H31：4　卜曰：女。

　　　　　　即弗克▢▢。

　　　　　　▢用。

　　　　　　隹迭，▢亡咎？

迺𤉲▢。

【斷代】 周人甲骨。由「𠂔曰」、「叀亡咎」等文例証。

【考釋】 本版由左而右的第一行「𠂔曰：女」，言占問的結果，所生的是女。文例見〈H11：5〉的「𠂔曰：子」。女，陳、徐均釋為母，恐非。第二行為另一獨立辭意，與第一行的內容無涉。「即弗克某地」，有用祭卜問是否立刻攻伐某地的意思。即，有當下意，字參〈H11：26〉，陳、徐均釋為既，可商。「克」下二字不清，無法辨識，徐釋為「衣、安」，陳釋為「尤宣」，都是不可靠的。第三行模糊不清，只見最後的一「用」字，可能與祭祀用牲有關，徐氏釋為「通」，不確。第四行第一字不清，陳釋為隊、徐釋為陮。今暫從徐說。殷卜辭中已有用陮字為地名，如〈乙4631〉：「乙卯卜，賓貞：陮受年？」「陮逆」，即巡察經過陮地的意思。「叀亡咎」，占問此行沒有禍害的意思。迺，通乃字。𤉲，字已見〈H11：14〉，我釋為「用人牲以祭」的意思。陳、徐二氏均釋為則，然而上下文不能通讀。「𤉲」下的文字不清，陳、徐描本亦不一致，徐釋為𤉲、陳釋為鼻均是強解。

H31：5　咎迺（乃）城。

【斷代】 周人甲骨。咎字例習見於周原甲骨中。

【考釋】 本版的第一字字中間有一條橫裂骨紋，影響諸家對該字的看法。徐、陳二描本不同，徐釋為安、陳釋為𢛳（密）。細審照片，字下明顯有一「口」，字形宜作𡆥，與〈H11：28〉的咎字相當。咎，有災害意。𦈚，即城字，字又見〈散盤〉、〈班簋〉、〈元年師兌簋〉和《說文》的籀文。

【語譯】 降禍於此城址。

H31：6　▢

【考釋】 徐、陳二本均無附照相，陳又漏收描本。徐氏描本卻不清，其書隸作「唯」字，未審是否。

H31：7　卜

【考釋】 卜字作卜，字形與〈H11：52〉同。字的上下未審有字

72

否。

H31：8 ☑

【考釋】　本版無照片，徐、陳二描本又各不同。徐氏釋為「六十」、
陳氏釋為「武」，都不見得可靠。

H31：9 ☑

【考釋】　本版無附照片，徐釋為「六十、八十」，於文義看恐非；
陳文則收歸附錄無法辨識類。今從闕待查。

H31：10 ☑

【考釋】　本版字見甲背的邊口，徐本沒有收錄，陳本則歸於附錄
無法辨識類。今存疑待考。

下編

第一章　由「王」字論周原甲骨的斷代

提要

　　一般言周原甲骨是指周人的甲骨，唯學界對周原甲骨確實時期的看法卻並不一致。本文首先就大陸學者王宇信先生分析「王」字的字形流變提出商榷，並由字形、文例互較申論周原甲骨中「王」字有商人所刻和周人所刻二類：作王形的相當於殷第四期卜辭的寫法；作王形的有明確斷為殷王帝辛（紂），其時限相當於殷第五期卜辭。而周人的王字則刻作王。本文的結論，是周原甲骨實混雜有晚殷、早周的甲骨，其中出現「王」字的，有指殷王，亦有指周王。

一、前言

　　一九七七年春陝西岐山縣鳳雛村西南發現了周初的宮殿（宗廟）遺址，在建築基址的西廂二號房間 11 號窖穴中，出土 17000 多片碎甲骨，後來又在 31 號窖穴中發現 400 多片甲骨。這批材料絕大多數是龜甲，牛肩胛骨只佔 200 多片。其中帶字甲骨總共 290 多片，計字數約有 600 多個，不同的單字有 396 個。字數最多的一片有 30 個字。（註 1）這裡正是文獻上所記載的周人發祥地周原：亦即自古公亶父由邠遷居此地，直至文王晚年由岐徙豐為止的早周都邑。周原甲骨的出土，對早周的政治、經濟、文化，以及商周間的關係，提供了許多珍貴的材料。

　　近二十年來，中國學者對於周原甲骨的釋讀做了許多貢獻（註 2）。然而，由於周原甲骨文字異常纖細，目前發表的摹本、照相又不盡理想，是以對於字形的理解，迄今還有許多爭議的地方。對於周原甲骨的時代，學界更有不同的看法。有認為周原甲骨「絕大部份都是商王室的卜辭」（註 3）；有認為周原甲骨「絕大部份都是文王時代的遺物」，「也有成王遺物在內」（註 4）；有認為周原甲骨全都是周人的卜辭（註 5）。學者眾說紛紜，其中王宇信先生《西周甲骨探論》一書為近人考釋周原甲骨集成之作，王先生嘗試

排比西周甲骨中習見的「王」字字體，探討甲骨的分期。王文是一篇開創性的文章，他企圖科學地分析材料，其意義十分重大。王先生把三種不同類型的「王」字劃分為三個時期，即第一型的王是文王時期，第二型的王相當於武王、成王、康王時期，第三型的王應為昭王、穆王時期，並謂：「全部289片西周甲骨中，共有帶『王』字的27片。應該指出的是，鳳雛這27片甲骨上出現的『王』字，基本上都屬於第一型和第二型，而沒有較晚的第三型」（註6）。王先認為周原甲骨的「王」字，是由王而王。這説法如果放置在一條更大的時間縱線上時，理解上恐怕有一定的困難。吾人觀察由殷商甲骨而周原甲骨以至西周銅器上「王」字字體的演變，對於周原甲骨「王」字字形先後的定位和評鑑，與王先有不一致的結論。

二、由王字字形探討周原甲骨的斷代

目前學者都承認周原甲骨與殷墟甲骨是屬於同一系統的文字，彼此是一脈相承的。王宇信先生也説：「西周甲骨形成了自己的特徵，但這些特徵不是獨創的，而是早在殷人那裡就始露端倪，加以繼承和發展而成，是時代進步性的表現」（註7）。殷商文字與周原文字既然具有因承的關係，吾人在檢討周原甲骨「王」字的縱向差異時，首先需要掌握的，是「王」字在殷代甲骨的常態流變，從而可以更了解周原甲骨的定位。

殷墟卜辭中對於時王都只單稱王。以下，吾人據董作賓先生提出由武丁至帝辛五期斷代的標準（註8），比較殷諸相同辭例中「王」字的前後期寫法：

1.王步

〈集180〉　　癸酉卜，𣪠貞：今日王步？　（一期）。王作𡉚。
〈集24238〉　乙酉卜，行貞：王步自葊至大，亡災？在十二月。
　　　　　　　（二期）。王作王。

〈集36372〉　辛酉卜貞：王步，亡災？　（五期）。王作王。

2.王往

〈集614〉　　貞：叀王往伐呂方？　（一期）。王作𡉚。
〈集24492〉　戊寅卜，行貞：王其往于田，亡災？在十二月。
　　　　　　　（二期）。王作王。

〈集 28904 〉　　王其往田于阰？　　（三期）。王作𠂤。

〈屯 402 〉　　　辛丑卜，王往田，亡𢦏？　（四期）。王作𠂤。

3.王出

〈集 5063 〉　　　己巳卜，亘貞：翌庚午王出？王固曰：不𠃛。　（一
　　　　　　　　　期）。王作𠂤。

〈集 22605 〉　　辛未卜，行貞：王出，亡𠃝？　（二期）。王作𠂤。

4.王征

〈集 6313 〉　　　貞：叀王征呂方？　（一期）。王作𠂤。

〈集 23599 〉　　癸未卜，矣貞：王征，不若𡉚？　（二期）。王
　　　　　　　　　作𠂤。

〈集 24951 〉　　𠃛河珏，叀王自征？十月。　（二期）王作𠂤。

〈集 36484 〉　　癸卯卜，黃貞：王旬亡𪊥？在正月。王來征人方。
　　　　　　　　　在攸侯喜𦈢永。　　（五期）。王作王。

5.王饗

〈集 5245 〉　　　叀王饗？　（一期）。王作𠂤。

〈集 23003 〉　　庚子王饗于祖辛？　（二期）。王作𠂤。

6.王曰

〈集 3297 〉　　　戊戌卜，㱿貞：王曰：侯豹母歸？　（一期）。
　　　　　　　　　王作𠂤。

〈集 22765 〉　　丙子卜，王貞：曰雨？（二期）。王作𠂤。

7.王帚

〈集 5250 〉　　　貞：王帚，叀吉，不冓雨？　（一期）。王作𠂤。

〈懷 1152 〉　　　貞：王帚，叀吉？　（二期）。王作𠂤。

〈集 27840 〉　　貞：王帚，叀吉，不遘雨？（三期）。王作𠂤。

8.王疌

　〈集 17234 〉　貞：王虫疌？　（一期）。王作 𡰥。
　〈集 24132 〉　辛巳卜，㕡貞：叀王祝，亡疌？　（二期）。王
　　　　　　　　作 𡰥。

9.王疾

　〈集 13613 〉　旬有祟，王疾首，中日羽。　（一期）。王作 𡰥。
　〈集 24957 〉　甲辰卜，出貞：王疾首，亡𢼄？　（二期）。王
　　　　　　　　作 𡰥。
　〈集 24956 〉　甲辰卜，出貞：王疾首，亡𢼄？　（二期）。王
　　　　　　　　作 𡰥。

10.王祝

　〈集 19890 〉　辛酉卜，王祝于妣己，迺取祖丁？　（一期）。
　　　　　　　　王作 𡰥。
　〈集 23367 〉　庚子卜，喜貞：歲叀王祝？　（二期）。王作 𡰥。

11.王賓

　〈集 1248 〉　甲子卜，爭貞：王賓咸日？　（一期）。王作 𡰥。
　〈集 23356 〉　庚午卜，大貞：妣庚歲，王其賓？　（二期）。
　　　　　　　　王作 𡰥。
　〈集 35462 〉　貞：王賓，㚻亡尤？　（五期）。王作 王。
　〈集 35628 〉　貞：王賓，㚻亡尤？　（五期）。王作 王。

12.王迷

　〈集 28905 〉　丁丑卜，翌日戊王其迷于囚，亡戋？　（三期）。
　　　　　　　　王作 𡰥。
　〈集 36395 〉　丁亥卜貞：王迷，往來亡災？　（五期）。王作 王。

13.王省

　　〈懷1428〉　　王🐷盂田省，亡🗡？　（三期）。王作🔼。
　　〈集36361〉　　己亥卜貞：王省，往來亡災？　（五期）。王作王。

14.王田

　　〈集24457〉　　戊辰卜，旅貞：王其田于𨸏，亡災？　（二期）。
　　　　　　　　　　王作王。
　　〈集28771〉　　王其田狩，亡🗡？　（三期）。王作王。
　　〈集33515〉　　甲辰卜，翌日乙王其田，🐷田省，湄日亡🗡？　（四
　　　　　　　　　　期）。王作王。
　　〈集36639〉　　戊辰卜貞：王田，往來亡災？　（五期）。王作王。

15.王令

　　〈集2478〉　　庚申卜，🐷貞：王令雨？　（一期）。王作🔼。
　　〈集36909〉　　王其令🏠，不悔，克🐷王令？　（五期）。王作王。

　　由以上殷墟卜辭「王」字的字形，歸納其流變分期，明顯的是
由第一期卜辭的🔼，過渡到第二期至第四期卜辭增短橫的王，以迄
第五期卜辭三橫一豎的王、王。這一條客觀的文字縱線鋪排出殷人
對「王」字的常態寫法，無例外的是由🔼而王而王。其中第五期帝
辛卜辭才出現的王，正相當於周原甲骨中所謂文王時期的王字寫
法，亦即王宇信先生所指的第一型；彼此時間一致，字形亦完全相
同。可見殷卜辭與周原文字確是同一個文字系統的承接。然而，如
果根據王宇信先生的說法，「王」字的演進應是由🔼而王而王之後，
又要回歸到王的寫法，這種曲折在文字自然發展史上是無法解釋
的。而且，吾人印證兩周青銅器上的「王」字，發現西周的王字作王〈天
亡簋〉、王〈小子射鼎〉、王〈成王鼎〉，西周中期以後因與玉字
有所區別而改作王〈王孫鐘〉、王〈攻吳王夫差鑑〉。所以，王宇
信先生單純說「王」字由王而王的過渡方式是並不合理的。反觀以
上據殷卜辭論證由🔼而王而王的流變，正好與下線周金文的王而王
而王相連接，在整個文字縱線的發展來看，這是十分完整清楚的。

因此，吾人透過重新整理這290多片甲骨釋文的體認，推論周原甲骨中「王」字有分別屬於商人和周人的甲骨。其中屬於商人甲骨「王」字的字形先後順序，與殷墟卜辭相同，亦應該是由玉而王。而這些作王字寫法的甲骨，其時限應與殷墟第五期卜辭相當，屬於帝辛時期；作玉字寫法的，則應屬於帝辛以前的甲骨。另外一批屬於周人甲骨的「王」字，都作玉形，下一橫劃作弧形外彎，應受殷第五期卜辭王字作王的影響。此宜為早周時期周人書寫「王」字的特徵，下開周金文「王」字的風格。

三、由王字文例探討周原甲骨的斷代

　　吾人進一步由周原甲骨有「王」字的片子與殷墟甲骨加以核對，發現作玉、作王的王字文例均可以在殷卜辭中找到。吾人初步推斷：

1. 周原甲骨中同時混雜有殷人甲骨和周人甲骨，二者均有用「王」的稱謂。

2. 周原甲骨中屬於殷人甲骨的「王」，是指殷王而非周王。作王、王形的應為帝辛（紂），作玉、玉形的相當於殷第四期卜辭的王，其時限或應在武乙、文丁之間。

3. 周原甲骨中舉凡周人甲骨的「王」字都作玉。

　　以下，吾人列舉周原甲骨中有「王」字的片子，就其文例逐一申論定其為殷人或周人甲骨的原因。

（一）、周原甲骨王字出現「王」「玉」字形者，三橫一直豎，判定為殷帝辛時期殷人甲骨。

1. H11：1　癸巳彝文武乙宗，貞：王其邟（邵）祭成唐鼄，禦（禦）奴二女，其彝血（盟）牡三、豚三，叀又正？

按：王字作王，與殷第五期卜辭字形相合。本版作為斷代的辭例，還有：（1）王祭成唐，（2）彝文武帝乙宗，（3）血牲若干，（4）禦牲若干，（5）癸巳。此辭祭祀殷商開國的先王成湯，主祭的時王自然應該是殷王。徐錫台先生在〈周原出土的甲骨文所見人名、官名、方國、地名淺釋〉一文認為是「周文王祭祀成湯」，是不正確的。商、周既非同姓，又不是同族，《竹書紀年》復載「文丁殺季歷」，顯見商周二族本並不和諧。周人沒有必要去祭祀商王的立

國祖先（註9）。互較同坑112片祭祀文武丁、84片祭大甲、82片祭祀大戊，這種接連祭祀殷商先公先王的活動顯然不是偶然的。本辭中又言王在文武帝乙的宗廟中主祭，文武帝乙即帝辛之父帝乙，因此主祭的時王自然只能是殷末最後的一個王：帝辛。辭例的「血牲若干」、「禦牲若干」，用法均見於殷晚期卜辭，如：

〈集34103〉 甲辰卜：其大禦王自上甲血用白豭九，下示𥂖十☐？
〈英1977〉　　乙巳卜，出貞：其禦王血五牛，晉羌五☐五？

另由字形來看，本辭的干支「癸巳」的巳字作子，字與殷墟卜辭干支的巳作子形全同。這是決定本版甲骨時間上限的另一佐證。此外，本版謂王在殷祖帝乙宗廟祭祀。有關帝乙的宗廟所在，據《竹書紀年》謂盤庚遷殷以後，至紂之亡，更不徙都；又據《史記.殷本紀》言：「子帝武乙立，殷復去亳徙河北。」《史記.周本紀》正義引〈帝王世紀〉：「帝乙復濟河北，徙朝歌，其子紂仍都焉。」然無論帝乙的宗廟應設置在安陽殷墟，抑或在朝歌，都與周人聚居的陝西岐山周原無涉。因此，這批殷人甲骨之所以出現在周原，疑為當日商紂無道，殷史官攜甲骨典冊投奔周人，作為周人用龜參考的範文，其後遭堆積於周原宮室中的片子。此由〈殷本紀〉謂：「紂愈淫亂不止，微子數諫，不聽，乃與大師少師謀，遂去。……殷之大師、少師乃持其祭樂器奔周」一事或可以佐證。

2.H11：112　𢽁文武丁升，貞：王翌日乙酉其𢽁𦣞訊，☐文武丁豐，
　　　　　　　☐卯☐𠂇（佐）王☐。

按：王字作王。本版與殷卜辭辭例相合的，有：（1）文武丁升。〈集36534〉：「戊戌王萬☐文武丁祡☐王來征☐。」，此片屬殷第五期甲骨，與本版用法相同。文武丁，即文丁。本版言用祭於殷先王文丁的宗廟。據陳夢家《殷墟卜辭綜述》第十二章〈廟號〉429頁，卜辭稱文武丁的，都屬於第五期的帝辛卜辭。「文武丁升」，又作「文武丁宗」。（2）王𢽁祭。〈集1489〉：「☐酉卜，王𢽁小甲？」（3）佐王。〈集1642〉：「☐未卜，敝貞：祖乙弗𠂇（佐）王？」。

3.H11：82　☐才（在）文武☐王其𨛜（邵）帝（禘）☐天戊，𢻪曹周
　　　　　方白（伯）☐，𡆥正，亡𠂇（佐）☐王受又（有）又
　　　　　（佑）？

按：王字作王。本版可以提供斷代的辭例，有：（1）天戊。戊字殘缺；今從徐錫臺先生《周原甲骨文綜述》補。天戊即〈殷本紀〉

80

的殷先王太戊。本辭言邵祭太戊的時王，自然應是殷王。（2）冊周方伯。周方伯，周世系中封伯的自西伯始。《史記．殷本紀》：「紂賜弓矢斧鉞，使得征伐，為西伯。」此周方伯宜即周西伯姬昌。可見當時的周仍未稱王。此言冊封告命用周方伯的獻牲，冊命的王當即殷王帝辛（註10）。王宇信先生在《西周甲骨探論》95頁認為這是「文王前往殷文武帝宗，用禘禮祭殷先王，……殷王宗廟中拜受新命為周方伯之事」，並不合理。按《史記．周本紀》言「西伯自岐下而徙都豐，明年，西伯崩，……諡為文王」。〈殷本紀〉言周武王率諸侯伐紂，「於是周武王為天子，其後世貶帝號，號為王。」可見周自武王載西伯本主伐紂，始稱王號。西伯昌生前並未稱王。此辭既言王在文武帝宗主祭，所指的王應為當時的時王。相對應文獻中西伯時的王，自然是殷王帝辛。此其一。《論語．泰伯》孔子稱西伯「三分天下有其二，以服事殷」，如西伯當日稱王而不稱臣，安能服事於殷？殷王又如何會讓其服事？此其二。本辭前言時王祭於殷祖文武宗，後言冊告周方伯，前後句稱謂用詞不同，主賓語有別，故王不該理解為周方伯，應為不同的二人。此其三。由此可證本版應是殷帝辛的甲骨。（3）王受又又。本辭例屢見於晚殷卜辭。如〈集26954〉：「辛亥卜貞：其祝一羌，王受又又？」〈集36168〉：「丙戌卜貞：翌日丁亥王其有升于文武帝正，王受又又？」

4.H11：84　貞：王其牽又（侑）大甲，冊周方白（伯）盉，叀正，
　　　　　　　　不广（佐）于受又又（有佑）？

按：王字作王。本版作為斷代的辭例，有：（1）王又（侑）大甲。（2）王牽祭。（3）冊周方伯。（4）受又又。（5）「王—其—動詞」。其中侑祭殷祖大甲的王自應是殷王，亦即下文「冊周方伯」一句的主語。徐錫台先生《周原甲骨文綜述》59頁謂「王是周文王，屬第一人稱，顯示了周君的獨立性。周方伯，也是周文王，為賓詞地位。」這在上下文意來看是說不通的。王是主祭者，周方伯的盉是冊告用牲的對象，王與周方伯二者自不應是同一個人。因此，與周西伯昌對應的殷王，當即帝辛無疑。「牽祭」和「受又又」二辭例，亦見用於殷晚期卜辭。「王—其—動詞」的句式，復多見用於殷卜辭，如〈英674〉：「貞：王其从？」

5.H11：189　曰吉☒其五☒正，王受☒。

按：王字作王。「王受」後殘缺，宜補「又又」二字；文例習見於殷卜辭，與上例同。「曰吉」一辭亦見於殷第五期卜辭，如〈集36871〉：「癸酉王卜貞：旬亡𢍰？王固曰：吉。在上魯。」

6.H11：38　王卜。

按：王字作王，中間一橫最長，左右突出，與一般王字三橫平齊作王稍異，或為「壬卜」之誤。唯「王卜」一辭，亦多見於殷第五期卜辭，如〈集 35758〉：「壬戌王卜，在𤞂貞：今日其☒弗又鼓，亡災？」

7.H11：72　王用。
8.H11：246　王用☒。

按：上二版王字都作王。「王用」為殷卜辭中的習用語。〈集 26100〉：「王用？允東羊。十三月。」〈集 376〉：「貞：今般取于尻，王用，若？」

9.H11：174　貞：王其𦣞用胄，東乎（呼）胄，乎（呼）卒受，東不每王？

按：王字作王，末一橫畫稍作弧形。本辭屬於殷卜辭的斷代標準還有：（1）王𦣞。〈集 20231〉：「☒卯𢀛其奠王𦣞，怒𪊏卯𢀛奠王𦣞？」（2）呼卒祭。〈集 13517〉：「呼婦卒于㳄宅？」

（二）、周原甲骨王字出現「王」「王」字形者，中豎末端分書，判定為晚殷時期殷人甲骨。

1.H11：134　王𢀛
　　　　　　弜巳（祀）？

按：王字作王。同版的「弜巳（祀）」一例，習見於殷第三至五期卜辭，如：〈集 30764〉：「弜巳？」〈集 32390〉：「弜巳？」〈集 38115〉：「弜巳？吉。」

2.H11：11　☒子（巳），王其乎（呼）更𡭐父涉。

按：王字作王。「王呼某」一例亦習見於殷卜辭。〈集 20253〉：「☒丑卜，𠬝貞：王呼萬戒𠂤？九月。」

3.H11：14　替白（伯）乞今𤏳（秋）來方于王，其𪊥。

按：王字作王。「乞來」「其𪊥」二辭均見於殷卜辭。〈集 6778〉：「☒𡆥曰：出希。其有來乞至☒。」〈寧1.193〉：「其𪊥兕祖丁？」

4.H11：80　王其往宮☐山昇。

按：王字作王。「王其往」一辭亦見於殷卜辭。〈集24492〉：「戊寅卜，行貞：王其往于田，亡災？在十二月。」

5.H11：136　今𦻏（秋）王叀克往宮（密）。

按：王字作王。本辭「王─叀─動詞」一例多見於殷第五期卜辭，如〈集37392〉：「王叀今日墾，亡災，擒？」

（三）、周原甲骨王字出現「王」字形者，中豎末端分書而第三橫畫明顯呈弧形，判定為早周時期周人甲骨。

1.H11：3　衣（殷）王田，至于帛，王隻（獲）田。

按：王字作王。由「衣王」的稱呼，刻寫者理應為殷商以外的附庸部族。

2.H11：100　☐其𣃔，王☐。

按：王字作王。𣃔字寫法見於周金文而不見於殷卜辭。

3.H11：113　辛未王其逐鹿（獵），翌亡𡆥。

按：王字作王。逐字從辵，見於周金文而不見於殷卜辭。「亡𡆥」一詞亦見於〈H11：20〉周人甲骨。

4.H11：167　☐王鼎（貞）。

按：王字作王。貞字寫法與殷卜辭亦相違；參下編第二章對貞字的考釋。

以上四版甲骨的王字都一致作王，由文例的用法和其他字形的互較，它們都與殷卜辭不同而與周金文接近。因此，吾人判定這些甲骨為周人所刻。

（四）、周原甲骨出現「王」字而未能確定時限者。

1.H11：61　☐王身☐。

按：王字作王。字形與上述第三類周人甲骨的刻法相同。然「王身」一辭亦見於殷卜辭，如〈集822〉：「貞：王疾身，唯妣己尚？」

83

由文例用法看，自可理解為殷人所刻，亦可視為周人上承商人的用法。筆者比較傾向於後一種的可能。

2.H11：75　今□王曰：□。
按：王字作王，與上述第三類周人甲骨的刻法相同。然「王曰」一辭已見於殷第五期卜辭，如〈集36557〉：「貞：王曰：𢀛𢀛于夫，至于盂□來亡災？才七月。」

3.H11：132　王𤲅□。
按：王字作王，與上述第三類周人甲骨的刻法相同。然「王𤲅」一辭亦見於殷第四期卜辭，如〈集32244〉：「𢀛邑王𤲅？」

4.H11：133　丁卯王才（在）□。
　　　　　　　三牢。
按：王字作王，下一橫畫筆直而稍斜向，字形與上述第二類殷人甲骨刻法相同。然本版「牢」字作𤤄，寫法與殷卜辭不同而卻近於周金文。這兩條材料可能是商人和周人在不同時期刻上去的。

5.H11：261　□王□。
按：王字作王，字形與上述第二類殷人甲骨刻法相同。然前後文殘缺，無法由文例加以論証。

6.H11：233　□其王。
按：王字作王，字形與上述第一類殷人甲骨刻法相同。然此殘片文例奇特，「其王」用法不可考，字是否宜作為「王」字解仍待考。

　　以上六版甲骨在文例上固然無法判斷必然屬於商人或周人的作品，然而基本上與前文交代的商人甲骨王字作王、王，周人甲骨王字作王，並沒有任何矛盾。

（五）、結語

　　總括以上周原甲骨二十四版可以斷代的「王」字例句，作王、王形均與殷卜辭，特別是晚殷文例用法相對應。這現象顯然並非是偶然的。其中「王」作王形的更可推論為殷王帝辛。吾人解讀周原甲骨

中的王字宜分二類：玉、王 分別相當於殷第四、五期卜辭的殷王，故屬殷商的甲骨；玉字則為周人甲骨的寫法。這是今後研治周原甲骨值得思考的一個可能方向。此外，周原甲骨中一些明確具備周人用語特色的早周甲骨句例，如：「卧曰」〈H11：5〉、「親商」〈H11：164〉（或為武王伐紂一事）、「亩亡咎」〈H11：28〉（此形式承接殷晚期卜辭的「受又又」、「亡尤」、「亡禍」等問吉兇的習用語）、「自不枕」〈H11：108〉、「祠自某地于某地」〈H11：117〉、「大保」〈H11：15〉（西周銅器有〈大保簋〉）、「畢公」〈H11：45〉（西周〈史䀠簋〉有載「王賞畢公」事，《史記.魏世家》見畢公歷文、武、成、康四朝）、「虫（崇）白（伯）」〈H11：22〉（或即文王所伐的崇伯虎）、「宬叔」〈H11：37〉（或即郕叔，文王子）、「難（箕）子來降」〈H31：2〉（或相當《史記.周本紀》：「武王已克殷，後二年，問箕子所以亡」一事）……等，皆為周人甲骨的佐証。由上述「王」字用法的壁壘分明，可以作為判斷周原甲骨中殷、周分類的標準。

註釋

1. 參考陝西周原考古隊〈陝西岐山鳳雛村發現周初甲骨文〉，《文物》1979年第10期；徐錫臺〈周原考古工作的主要收穫〉，《考古與文物》第5期。

2. 解讀周原甲骨的論述，主要有：徐錫臺〈周原出土的甲骨文所見人名、官名、方國、地名淺釋〉、《古文字研究》第一輯；徐錫臺〈周原卜辭十篇選釋及斷代〉，《古文字研究》第六輯；徐錫臺〈周原二十篇卜辭選釋〉，陝西省考古研究所，1981年10月；徐錫臺《周原甲骨文綜述》，三秦出版社。1987年。李學勤、王宇信〈周原卜辭選釋〉，《古文字研究》第四輯。1980年12月；李學勤〈西周甲骨的幾點研究〉，《文物》1981年9期；李學勤〈續論西周甲骨〉，《人文雜志》1986年1期。陳全方〈陝西岐山鳳雛村西周甲骨文概論〉，《四川大學學報叢刊》第十輯。1982年；陳全方《周原與周文化》，上海人民出版社。1988年。徐中舒〈周原甲骨初論〉，《四川大學學報叢刊》第十輯。1982年5月。王宇信《西周甲骨探論》，中國社會科學出版社。1984年。朱岐祥〈周原甲骨文考釋正補〉，台灣中國文字學會第四屆國際學術研討會。1993年。

3. 參見王玉哲〈陝西周原所出甲骨文的來源試探〉，《社會科學戰線》，1982年第1期。

4. 參考徐中舒〈周原甲骨初論〉，《四川大學學報叢刊》第十輯。

5. 詳見徐錫臺《周原甲骨文綜述》、〈周原卜辭十篇選釋及斷代〉，徐文認為周原甲骨的時期是在王季末年至武王；李學勤〈續論西周甲骨〉認為「鳳雛甲骨的年代應包括文王至昭、穆間的時期」；陳全方〈陝西岐山鳳雛村西周甲骨文概論〉則認為「早到周文王，遲到成康」。

6. 引見王宇信《西周甲骨探論》207 頁。細審摹本，鳳雛帶「王」字的甲骨只有 26 片。

7. 引同註 6 第 205 頁。

8. 參董作賓《甲骨文斷代研究例》，台灣中央研究院歷史語言研究所集刊外編慶祝蔡元培先生六十五歲論文集上冊。1935 年。

9. 這一點李學勤在〈周原卜辭選釋〉一文中已經提及。

10. 甜，《説文》釋告。殷卜辭的用法有三類：

　一、甜外邦。

　　〈集 6404 〉　　☑沚戜☑甜土方？

　　〈集 27985 〉　☑**典甜羌方，王☑？

　　〈集 36512 〉　☑中盂☑甜盂方☑田齒征☑？

　　〈集 6080 〉　　貞：王曰：**呂方其出，不甜？

　　〈集 3295 〉　　☑侯豹允來甜，有事**？五月。

　二、甜祖先。

　　〈集 914 〉　　甜祖丁：十伐、十宰？

　　〈集 795 〉　　既甜龍甲：奴？

　　〈集 772 〉　　貞：甜妣庚：五**？

　　〈集 1731 〉　　☑未卜，甜祖辛？

　　〈集 38 〉　　貞：其出甜南庚？

　三、甜祭牲。

　　〈集 26936 〉　其甜十宰又羌？

　　〈集 15336 〉　甜五十宰？

　　〈集 15344 〉　甜小宰？

　　〈屯 817 〉　　甜五宰，王受又？

本版「周方伯」後殘缺，據〈H11：84 〉「甜周方伯**」，謂冊命用周方伯的**為人牲。可見本辭甜字的用法宜屬以上歸納的第三類。徐中舒〈周原甲骨初論〉、徐錫臺《周原甲骨文綜述》均言此字有冊封告命之意，可商。周方伯當為王徵召的外邦方國。王玉哲〈陝西周原所出土甲骨文的來源試探〉一文引

86

于省吾先生釋𢦏為砍殺的意思，似亦有可商。如卜辭中言「𢦏祝」〈集 30649 〉、「王𢦏禦」〈集 30647 〉、「𢦏三十邑」〈集707 〉、「有𢦏于王」〈集 14954 〉等文例均絕無砍殺意。

第二章 由「貞」字論周原甲骨斷代

提要

　　周原甲骨的貞字共七見，字形分為二類：☐、☐。本文據貞字句的用法，考定作☐者屬殷人甲骨，作☐者為周人甲骨。貞字字形可以作為周原甲骨的斷代字例。

　　貞，本像鼎形，殷甲骨文中已借為占卜的貞字。由於刻寫上要求簡便快捷，也因為要與鼎的本義用法加以區別，貞字由鼎形的☐簡約而為☐。根據徐中舒先生《甲骨文字典》引錄貞字的常態字例，第一期作☐、第二期作☐、第三期作☐、第四期作☐、第五期作☐（註1）。殷人為了強調貞字的占卜意思，偶有在鼎首加上意符「卜」，字形由☐而作☐。如〈鐵45.2〉的☐、〈前7.39.2〉的☐（註2）、〈鐵129.2〉作☐、〈乙編補529〉作☐；均從卜。其後鼎形復與貝字相混而成篆文的☐字。這是貞字字形的演變過程。

　　一九七六年陝西岐山周原發現了先周的宮殿遺址，又於次年在這個基址中出土了大批甲骨。其中有字的甲骨近三百版。這些甲骨的時限大致在殷、周之間（註3）。然而，甲骨是屬於殷人的東西，抑或是屬於周人的東西？目前仍有爭議。我認為這批材料兼混雜有商王室和早周族人的甲骨，貞字正可以作為周原甲骨斷代的標準字例。以下，吾人就此假設提出論証。

　　周原甲骨的貞字字形有兩類：☐、☐。其中作☐的有四見：

1. H11：174　☐：王其☐，用☐，☐二☐，乎☐受，☐不每王？（王字作王）
2. H11：112　☐彝文武丁必，☐：王翌日乙酉其☐☐於☐文武丁豐☐卯☐☐王？（王字作王）
3. H11：84　☐：王其☐又大甲，☐周方白☐，☐正，不☐于受又又？（王字作王）
4. H11：1　癸子（巳）彝文武帝乙宗，☐：王其☐祭成唐☐，禦奴二女，其彝血☐三、豚三，☐又正？（王字作王）

作☐的有三見：

1. H11：167　☐王☐。（王字作玉）
2. H11：13　☐☐☐：即䰟☐。（貞前一殘字或即王）
3. H11：10　☐

以上二組貞字句大多具王字，根據拙文〈由「王」字論周原甲骨斷代〉一稿（註4），認為殷代甲骨文的王字字形演變是由 $\pm$ 而 Ξ 而 $王$，而周原甲骨中王字作 Ξ、$王$ 的，可判斷相當於晚殷第四、五期卜辭的時代，此外周原甲骨中王字作 Ξ 的，應該是屬於周人所刻。上引具 $\mathring{\mathrm{A}}$ 形甲骨均帶有王字作 $王$、$王$，自該屬於晚殷帝辛的甲骨。細審第一類貞字句的文意，見王祭祀的對象為文武丁、大甲、文武帝乙、成唐，皆屬殷先公先王，同時王所冊獻的對象則為外邦族酋周方伯的人牲，這和殷卜辭中殷周二族的主屬關係是完全一致的（註5）。由此可見，第一類四條甲骨的王是殷王而非周王。

第一類貞字句，均帶出「王—其—動詞」的同一組句式。核對殷墟卜辭中「其」字的用法，亦有作為副詞，置於「王」和動詞之間，而且普遍見於第五期卜辭中（註6），如：

〈懷902〉　　貞：王其入，勿祝于下乙？

〈集24248〉　癸丑卜，行貞：王其步自良至封，亡災？

〈集28904〉　王其比師虎，叀辛？

〈英2566〉　丙午卜在品貞：王其射御，衣逐，亡災，擒？

〈集36739〉　丁巳卜貞：今☐王其迖于喪，不遘雨？

相對的，吾人檢閱周法高先生《金文詁林》所引金文「其」字用例，兩周以降並無「王—其—動詞」的用法（註7）。由此可見，「王—其—動詞」宜為殷商時期殷人的習用語，入周後則明顯消失了。

此外，〈H11：1〉一版干支「癸巳」的「巳」字寫作 $\mathring{\mathrm{P}}$，此與殷卜辭中巳字均作子形全同（第一、二期作 $\mathring{\mathrm{P}}$，第三至五期作 $\mathring{\mathrm{P}}$）；相反的，兩周金文中的巳字多作 $\mathring{\mathrm{S}}$（註8）。這可以作為此類貞字句斷代的另一佐証。

第二類貞字句均屬殘辭，吾人無法由文例加以論証。然〈H11：167〉「王貞」一版的王字作 Ξ，正是周人刻寫的標準字體。兩周金文中亦有從卜從鼎的 $\mathring{\mathrm{A}}$ 字，如《金文編》引錄的〈㑥鼎〉作 $\mathring{\mathrm{A}}$、〈仲斿父鼎〉作 $\mathring{\mathrm{A}}$、〈叜鼎〉作 $\mathring{\mathrm{A}}$、〈申鼎〉作 $\mathring{\mathrm{A}}$、〈中山王響鼎〉作 $\mathring{\mathrm{A}}$，但字均已用作鼎的意思而不作動詞的貞問解（註9）。然由字形分析，周原甲骨的 $\mathring{\mathrm{A}}$ 字見於殷卜辭、$\mathring{\mathrm{A}}$ 字見於周金文，這對於 $\mathring{\mathrm{A}}$、$\mathring{\mathrm{A}}$ 二字形的時代考定，提供了一寶貴的線索。

總括以上的討論，吾人可以整理出幾點：

1. 貞的本義為鼎，借為貞問的貞。

2. 殷卜辭貞字字形由 $\mathring{\mathrm{A}}$ 而 $\mathring{\mathrm{A}}$ 而 $\mathring{\mathrm{A}}$，偶增卜作 $\mathring{\mathrm{A}}$，與周原甲骨同，二者作為占問的用法亦一致。

3. 殷卜辭貞字句作：「貞：王—其—動詞」，用法與周原甲骨的 $\mathring{\mathrm{A}}$ 字句相同。

4. 周原甲骨 $\mathring{\mathrm{A}}$ 字句的巳字字形與晚殷卜辭相同。

5. 周原甲骨貞字句見祭祀殷先公先王而冊獻周伯的人牲。這些材料自應屬商王室之物。這或即晚商時期紂王昏亂，貴族史官持祭器奔周時所攜的甲骨。相對應的文獻可參考《史記》的〈殷本紀〉、〈周本紀〉和〈宋微子世家〉。

6. 周原甲骨鼎字字形見於周金文，唯用法仍待進一步考查。

歸納諸點結論，見周原甲骨的二類貞字斷代：貞字句為晚殷殷人甲骨、鼎字句則為早周周人甲骨。

註釋

1.參徐中舒《甲骨文字典》卷三 350 頁貞字條。四川辭書出版社。1988 年 11 月。

2.參中科院考古所編《甲骨文編》卷三 29 頁。中華書局。1978 年 2 月。

3.參陝西周原考古隊：〈陝西岐山鳳雛村發現周初甲骨文〉，《文物》1979 年第 10 期；徐錫臺：《周原甲骨文綜述》，三秦出版社，1986 年。

4.文見台灣靜宜大學中文系第 14 次學術論文研討會，1995 年 5 月。該文於會後曾改寫，見本編的第一章。

5.殷卜辭自第一期以迄第四期均見「𢦏周」「寇周」「𦎫周」「征周方」，以至「令周侯」「周入」等主從關係的辭例，見周部落長期受殷人驅策役使。例詳參姚孝遂《殷墟甲骨刻辭類纂》819 頁周字條。中華書局。1989 年 1 月。

6.參拙文〈殷周甲骨中其字用法探微〉，南京大學中國古文字學會第九次年會。1992 年 10 月。文見本編的第十一章。

7.參周法高《金文詁林》780 頁其字條。中文出版社。1974 年 6 月。

8.參容庚《金文編》卷一四 773 頁巳字條。中華書局。1985 年 7 月。

9.參容庚《金文編》卷七 489 頁鼎字條。

第三章　由虛字的用法論周原甲骨斷代

提要

　　一九七七年陝西周原考古隊在岐山鳳雛村西周遺址發現了有字甲骨292片。這批材料的出土時間和所屬引起近代學者的爭議：有認為是商王室的卜辭、有認為混雜有商周的遺物、亦有認為全屬周人的東西，但時間或言在文王，或以為在成王，仍未有一定的看法。

　　本文通盤檢視周原甲骨中的虛字，包括：叀、隹、其、于、自、弜、不、弗、亡等各種句型，與殷墟卜辭逐一加以核對，發現周原甲骨的虛字與晚殷卜辭中的用法普遍相同，而殷墟卜辭更明顯的可以涵蓋所有周原甲骨虛字的用例。因此，吾人判斷殷墟卜辭和周原甲骨是屬於同一種語言的文字記錄。周原甲骨的時限宜與晚商帝辛的時期相距不遠。

　　一九七七年陝西周原考古隊在岐山鳳雛村西周遺址發掘了有字甲骨292片。這批甲骨的句式主要是「主語—動詞—賓語」的漢語基本形式，和殷墟卜辭相同。以下，吾人就周原甲骨中虛字的用法，對比殷墟早晚期卜辭，歸納其發生的可能時限。

（一）叀

　　周原甲骨的「叀」字用為語氣副詞，多見於句首，帶出動詞或賓語。「叀」字有強調、肯定語句的功能，其用法有：

（1）叀 ─動詞

　　周原甲骨「叀」字有接動詞，其後復有接介賓語．例：

　　〈 H11:84 〉　叀正，不ナ(佐)于受又又？

　　〈齊家村二號 〉　叀禦于休令？

（2）叀 ─名詞

　　周原甲骨「叀」字後有接受事賓語，獨立自成一小句。例：

　　〈 H11:237 〉　叀三胄？

　　此例是貞問使用三胄來祭祀好嗎？

　　亦有接原因賓語。例：

　　〈 H11:77 〉　叀亡咎？

91

〈H11:35〉　□*ヰ*乘*叀*亡咎？

此例是貞問應該沒有禍害嗎？

〈H11:2〉　*叀*尚(常)？

此例是貞問事情是如常嗎？

（3）主語—*叀*—動詞—賓語

周原甲骨「*叀*」字句有將「*叀*」字插入主語和動詞之間，強調其後動賓的行為。例：

〈H11:136〉　今秋王*叀*克往密。

〈H11:6〉　*卲*曰：並*叀*克事。

〈H11:21〉　曰：*昏叀*克事。

〈H11:32〉　圍*叀*克事。

以上的「*叀*」字，徐錫臺《周原甲骨文綜述》釋西、陳全方《周原與周文化》釋斯；都是有待商榷的。並、*昏*、圍都用為人名。

對照殷墟卜辭「*叀*」字的用法，殷卜辭中習見的「*叀*—時間副詞」、「*叀*—犧牲」等辭例均不見於周原甲骨。例：

〈集6949〉　貞：王*叀*翌乙巳步？

〈集495〉　壬戌卜，賓貞：*叀*甲子步？

〈集11593〉　戊子卜，*㱿*貞：*叀*七月？

〈集20694〉　丙辰卜，*自*：*叀*豕？

〈集23300〉　貞：*叀*小牢？

周原甲骨中，只有〈H11:237〉「*叀*三胄」一例，似言用軍胄以祭，其他並無用祭牲或祭品的句例。

殷墟早期卜辭中，「*叀*」字後有接吉語，乃是用正面的語氣來貞問吉否。例：

〈集5250〉　貞：王*宀叀*吉，不遘雨？

〈集24989〉　貞：*叀*吉？一月。

〈集26074〉　貞：*叀*吉？在三月。

及至第二期卜辭後始有用「*凷*」否、「亡*凷*」否的凶語反問吉凶。唯屬特例。這和周原甲骨的「*叀*亡咎」的用法相近。例：

〈集24132〉　辛巳卜，*㱿*貞：*叀*王祝亡*凷*？

〈集24369〉　癸卯卜，行貞：風日，*叀凷*？在正月。

殷卜辭的「*叀*」多作為殷王專用的發語詞，帶出貞問的內容，其常態句式作：「王—*叀*—動詞」、「王—*叀*—賓語—動詞」、「*叀*—王—動詞」。詳拙稿《甲骨學論叢》〈釋*叀*〉一文。例：

〈集32〉　王*叀* 出循？

〈集6627〉　己酉卜，*㱿*貞：王*叀*北羌伐？

〈集614〉　貞：*叀*王往伐呂方？

其中僅有第一種句式「王—*叀*—動詞」與周原甲骨〈H11:136〉「今

92

秋王叀克往密」一版的用法相近。其他句式則不見用於周原。

　　殷卜辭中另一習見文例「叀─又─名詞」，分別見於五期卜辭中。

例：

　　〈集 24351 〉　丁卯卜，行貞：叀又用？在十一月。

　　〈集 37520 〉　叀又獲，吉？

又讀為有，作為詞頭。其用法與周原甲骨〈H11：1〉「叀又正」相近。

　　殷卜辭「叀」字句又多接祭祀類動詞，如：敕、歲、柔、用等。例：

　　〈集 25353 〉　貞：叀敕祝？五月。

　　〈集 26899 〉　貞：叀歲？

　　〈集 34271 〉　戊申貞：叀雨柔于耑？

　　〈集 25913 〉　貞：叀用？

這和周原甲骨的齊家村二號骨「叀禦于休令」的用法相近。

　　根據上述殷卜辭和周原甲骨間「叀」字用法的差異，可以排比如下表：

殷卜辭	周原甲骨
叀─動詞	叀─動詞
叀─名詞	叀─名詞
王─叀─動詞	王─叀─動詞
叀─又─名詞	叀─又─名詞
叀亡壱	叀亡咎
叀─祭祀動詞	叀─祭祀動詞
叀─時間副詞	（無）
叀─王─動詞	（無）
王─叀─賓語─動詞	（無）
叀─犧牲	（無）
叀─吉	（無）

（二）隹

　　周原甲骨「隹」字借為唯，用作語氣副詞，多見於句首。「隹」（唯）字的用法有：

（1）隹─時間副詞

　　〈H11：40 〉　隹四月。

〈 H11:55 〉　　隹十月既⊠亡咎。

（2）隹—主語—動詞

　　〈 H31:2 〉　　隹衣（殷）雞（箕）子來降。

（3）隹—名詞

　　〈 H11:222 〉　　用，隹吉。

　　此例是貞問用牲祭祀得以求吉利嗎?吉是原因賓語。

　　對照殷墟卜辭，「隹」字在晚殷第五期田狩卜辭中仍有用作隹鳥的本義。例：

　　〈 集 37367 〉　　丁亥卜，貞:王田𡉈，往來亡災?擒隹百三十八、
　　　　　　　　　　象二、雉五。

　　〈 集 37513 〉　　壬午卜，貞:王田棕，往來亡災?獲隹百四十八、
　　　　　　　　　　象二。

然一般「隹」的用法已借為語詞的唯。殷對貞卜辭中多用作否定式的
「不唯」、「勿唯」，與肯定句語氣詞「叀」字相對。「唯」字後
多接不吉的賓語，例：

　　〈 集 454 〉　　貞:有隹囚（禍）?

　　〈 集 905 〉　　不隹囚?

　　〈 集 5298 〉　　貞:王䏻，不隹囚?

　　〈 集 11497 〉　　王固曰:彭，隹虫祟。

　　〈 英 1125 〉　　貞:疾骨，隹虫㞢?

偶亦有接吉語。這和周原甲骨〈 H11:22 〉「用，隹吉」的用法相
合。例：

　　〈 集 40559 〉　　允隹吉?

殷卜辭「唯」字復有置於句首，作「唯—主詞—動詞—賓語」的句式；
「唯」字又或加插於主、動詞之間，作「主詞—唯—動詞—賓語」的
句式。例：

　　〈 屯 2438 〉　　丙午卜，隹岳㞢雨?

　　〈 集 11423 〉　　癸未卜，賓貞:茲雲隹降囚?
　　　　　　　　　癸未卜，賓貞:茲雲不隹降囚?

前一句式與周原甲骨〈 H31:2 〉的「隹殷箕子來降」用法相近。後一
句式則不見於周原。

　　殷卜辭「唯」字後亦接時間語詞,有紀日、有紀月。「唯」字句
有置句首,亦有置句中。例：

　　〈 集 7942 〉　　貞:勿隹今丁巳出?

　　〈 集 3061 〉　　子沃其隹甲戌來?

　　〈 集 21586 〉　　隹八月有事?

　　〈 集 39927 〉　　乙亥⊠貞:王隹今十二月肇衛?

殷第五期卜辭更有在「唯」字後接紀年的時間語詞,作「唯王幾祀」,

見於句末。例：

〈集37835〉　☒王卜貞：今☐巫九畚，其彰彡日☒至于多毓衣
亡徣？在歐在☒又二。王☐曰：大吉。隹王二祀。

〈懷1915〉　辛酉王田刊難菜，獲大霖虎。在十月。隹王三祀
劦日。

反觀周原甲骨「唯」字句帶出的時間語詞，只有紀月，且只出現於句首。

統觀以上殷卜辭和周原甲骨間「隹」字的用法，可以排比如下表：

殷卜辭	周原甲骨
隹鳥	（無）
不唯、勿唯等否定句式	（無）
隹—凶語	（無）
隹—吉語	隹—吉語
主語—隹—動詞—賓語	（無）
隹—主語—動詞	隹—主語—動詞
隹—賓語	隹—賓語
隹—時間語詞（紀日、月、年）	隹—時間語詞（紀月）
主語—隹—時間語詞—動詞	（無）

（三）其

周原甲骨「其」字用為未來的疑惑的語氣副詞，主要是修飾其前面的主語，亦有用為代詞。周原甲骨「其」字的句式有：

（1）主語—其—動詞

〈H31:2〉　曰：南宮鈞其乍（酢）。

〈齊家村五號〉　貞：王其曰：入驪。

（2）主語—其—動詞—賓語

〈H11:113〉　辛未王其逐虘。

（3）主語—其—動詞1、動詞2—賓語

〈H11:84〉　王其桒又大甲

（4）其—動詞—賓語

〈H11:4〉　其敓楚。

〈H11:12〉　其又大乍。

（5）其—動詞

〈H11:14〉其虎。

〈H11:115〉　☒商，其舍，若☒。

（6）其—名詞

    <H11:119>　☑即其三牢☑。

    <H11:233>　☑其王。

    <H31:3>　　獲其五十人。

    <齊家村4號>　卜曰:其衣車馬,𤳯又𤰈。

    以上「其」字後所接的名詞賓語,包括單個名詞的「王」、並列名詞組的「衣、車、馬」、「數詞—名詞」的「三牢」、「五十人」。「其」,又可視為代詞;「其衣車馬」一句例的「其」字前省略動詞。

（7）其—于—名詞

    〈H11:232〉　　☑其于伐。

    此例「其」字後接介賓語。伐,乃斬首的人牲。「其」字後宜省祭祀類動詞。

    對照殷墟卜辭,以上七類「其」字句例均見於殷墟的甲骨文中;其中的「其」字後接名詞組的用法,更是大量的出現於第五期卜辭。以下把殷卜辭相對應的諸組「其」字句例羅列如次:

（1）主語—其—動詞

    〈英674〉　　貞:王其比?

    〈集6729〉　　戊子卜,方其來?

    〈集23356〉　庚午卜,大貞:妣庚歲,王其賓?

（2）主語— 其—動詞—賓語

    <集50>　貞:我其喪眾人?

（3）其—動詞1、動詞2—賓語

    <集23109>　庚午卜,大貞:其從侑于祖庚?十二月。

（4）其—動詞

    <集22043>　丁未卜,其禦?

    <集23800>　丙申卜,□貞:翌丁酉其步?

（5）其—名詞

    <集22598>　庚申卜,王貞:其五人?

    <集36354>　其廿人正,王受祐?

    <集37273>　其牢?

    <集37022>　其戠牛?

    <集35931>　其牢又一牛?

    <集36156>　丙戌卜貞:文武宗其牢?

（6）其—于—名詞

    <集4975>　貞:其于一人?四月。

    此外,殷卜辭中其他「其」字句的用法不見於周原甲骨的,有:

（7）其—時間語詞—動詞

    <集3061>　子氽其隹甲戌來？

    <集10964>　貞：㞢正化其于生二月有至？

「其」和時間語詞之間有增置副詞或介詞。

（8）其—介詞—名詞

    <集22925>　貞：其登邑，其在祖乙？

（9）其—介詞—賓語—動詞

    <集12870>　其自西來雨？

    <集26022>　其于我兄舌？

（10）「不其」、「弗其」、「毋其」等置於否定副詞後的用法。

    <集226>　㞢不其來五十羌？

    <集8870>　王固曰：弗其取。

    <集6834>　王固曰：丁巳我毋其戋。

由以上殷卜辭和周原甲骨中「其」字用法的差異，可排比如下表：

殷卜辭	周原甲骨
主語—其—動詞	主語—其—動詞
主語—其—動詞—賓語	主語—其—動詞—賓語
其—動1、動2—賓語	其—動1、動2—賓語
其—動詞	其—動詞
其—名詞	其—名詞
其—于—名詞	其—于—名詞
其—時間語詞—動詞	（無）
其—在—名詞	（無）
其—介詞—賓語—動詞	（無）
不其、弗其、毋其等否定式	（無）

（四）于

周原甲骨「于」字用為介詞，前接單個動詞，下開賓語。「于」字的用法有：

（1）于—名詞

    〈H11:9〉　大出于川。

    〈H11:27〉　☐祀邢洛。

    〈H11:30〉　叀于𠂤。

此例屬「動詞—于—賓語」的格式。

（２）于—代名詞

　　〈H11:42〉　于𡙏,迺入于止。

　　止,即此,屬指事代名詞。

（３）自—名詞—于—名詞

　　〈H11:2〉　自三月至邢三月

　　〈H11:20〉　祠自萬于壴。

　　〈H11:117〉祠自萬于周。

　「于」,置於二名詞或名詞組之間,名詞的性質有屬地名或時間語詞。

（４）動詞—受事賓語—于—賓語

　　〈H11:14〉　替伯乞今秋來𠬝于王。

（５）其—于—賓語

　　〈H11:232〉　☑其于伐。

　　對照殷墟卜辭,「于」字句已習用為「動—介—賓」的句式。例:

　　〈英1179〉　貞:叀于𡰥?

　　〈集16214〉　癸丑卜,戠于西?

　　〈集6728〉　貞:方允其來于沚?

　「于」字後亦有緊接指事代詞。如:

　　〈集27083〉　三𠂤二示卯,王祭于止,若有正?

　「自某于某」的用法,無論是時間語詞抑或地名,均見於殷卜辭。如:

　　〈英1011〉　貞:自今至于庚戌不其雨?

　　〈集29272〉☑旦至于昏不雨?大吉。

　　〈集5128〉　貞:王去來于敦?

　　〈集5129〉　貞:王去來于甘?

　「于」字句作為介賓結構,置於動賓式的連謂短語之後,呈現「動詞—賓語—介詞—賓語」的組合,亦見於殷卜辭。如:

　　〈集22043〉　庚戌卜,往田于東?

　　〈集32592〉　癸未卜:其延登黍于羌甲?

　「其—于—賓語」的省動詞句式,吾人亦可以在殷卜辭中發現。如:

　　〈集4975〉　貞:其于一人?四月。

　　〈集4976〉　貞:其于一人田?

　　第二句例應是「其田于一人」的倒句。田,讀如禍。此外,殷早期卜辭中多見的「于—時間語詞」下接動詞的用法,卻不見於周原甲骨。例:

　　〈集5167〉　乙酉卜,般貞:王于八月入?

　　〈集5223〉　☑王勿于辛亥步?

98

〈集 6560 〉　己卯卜,王于來春伐𢀛?

〈集 2366 〉　貞:于來己亥酚高妣己妣庚?

殷卜辭中介賓句式前置於句首,成為「于—賓語—動詞」、「于—賓語—主語—動詞—賓語」的用法,也不見於周原甲骨。例:

〈英 1105 〉　于妣己禦?

〈集 29012 〉　于宮田,亡災?

〈集 32122 〉　于祖乙用羌?

〈集 32026 〉　于滴王逆以羌?

總括以上殷卜辭和周原甲骨中「于」字的用法,可排比如下表:

殷卜辭	周原甲骨
于—名詞	于—名詞
于—代詞	于—代詞
自某於某	自某於某
動詞—賓語—于—賓語	動詞—賓語—于—賓語
其—于—賓語	其—于—賓語
于—時間語詞—動詞	（無）
于—賓語—動詞	（無）
于—賓語—主語—動詞—賓語	（無）

（五）自

周原甲骨「自」字用為介詞,引介出處所賓語或時間語詞。其用法有:

（1）自—名詞

〈H11:18 〉　出自龜。

龜,地名。此例「自」字緊接在單個動詞之後,下開與動作行為有關的處所。

（2）自—名詞—于—名詞

〈H11:2 〉　自三月至邢三月,月唯五月𤉲尚。

此例「自」字見於句首,言從某時到某時。

〈H11:20 〉　祠自蒿于壴。

〈H11:117 〉　祠自蒿于周 。

此二例「自」字見於句後,言從某地到某地。

（3）自不札

〈H11:108 〉　自不札

〈 H11：172 〉　自不休
〈 H11：188 〉　自不休

　　此例為周原甲骨特有的習用語，殷卜辭、周金文和古文獻均不見用。休，讀如休，即咎字異體；詳本編第七章。如「不休」一詞釋為地名，「自」字當為介詞，用法與上述的第一類相同；如「休」作為動詞，「自」字則可視為副詞，有親自的意思。又，此語如讀為「自，不休」「自」可作動詞的使用解。目前看以後者的推測可能性較高。

　　對照殷墟卜辭「自」字的用法，殷早期卜辭已有「自某地」的句例。如：

〈 集 24228 〉　辛酉卜，尹貞：王步自商，亡災？
〈 集 24399 〉　癸未卜，☒貞：王其步自尋，亡災？

周原甲骨「出自某地」的句式，亦見於殷卜辭中。如：

〈 集 1821 〉　貞：甦佳其屮出自之？
〈 集 18213 〉　自室出？

由「自某地」的句式衍生為「自某地于某地」的用法，則大盛於殷第二期卜辭以後。例：

〈 集 24248 〉　癸丑卜，行貞：王其步自良于封，亡災？
〈 集 24347 〉　辛丑卜，行貞：王步自刖于雇，亡災？

殷卜辭復有言「自某月」，「自」字後接時間語詞，置於句末。如：

〈 集 12 〉　貞：王心亡來自一月？
〈 集 14090 〉　☒巳卜☒貞：如☒自八月？

其後「自某時」的句式更衍生為「自某時于某時」的用法，並前置於句首，此與周原甲骨用法相合。如：

〈 集 5111 〉　貞：自今至于庚戌不其雨？
〈 集 6571 〉　壬寅卜，般貞：自今至于甲辰子商弋基方？

　　殷卜辭的「自」字且多引申為親自的副詞用法，緊接於名詞「王」之後。例：

〈 集 787 〉　壬戌卜，爭貞：虫王自往陷？
〈 集 6394 〉　王自饗？
〈 集 24951 〉　☒河珏，虫王自征？十月。

　　此外，殷甲骨仍保留自字本義「鼻」的用法，如「疾自」，即「疾鼻」。例：

〈 集 11506 〉　貞：屮疾自，佳屮老？
　　　　　　　　貞：屮疾自，不佳屮老？

　　總括以上殷卜辭和周原甲骨中「自」字的用法，可排比如下表：

殷卜辭	周原甲骨
自鼻	（無）
親自	（無）
自某地	自某地
自某地于某地	自某地于某地
自某時	（無）
自某時于某時	自某時于某時
（無）	自不休

（六）弜

周原甲骨「弜」字用為否定副詞，出現於句首，後接祭祀類動詞。例：

〈 H11：134 〉　弜祀？

〈 H11：141 〉　弜祀？

〈 H11：114 〉　弜祀？其若奴。叀正。

據拙稿《殷墟卜辭句法論稿》第二章〈對貞卜辭否定詞斷代研究〉丙節〈釋勿、弜同字〉，推論「勿」、「弜」本屬同一字的前後期書體。殷早期卜辭用勿，第二期以後始用弜。周原 292 片有字甲骨中並無用勿。相對的殷墟中晚期卜辭都有「弜祀」的句例。如：〈集 38115 〉：「弜祀？吉。」〈懷 1390 〉：「弜祀？」殷卜辭「弜」字除見於句首外，亦曾出現於句中和複合句副句的前面。如：

〈集 28602 〉　乙丑卜，王弜从往田，其雨？

〈集 28635 〉　壬王弜省田？

〈集 34229 〉　辛亥卜，岳弗害禾，弜侑岳？

〈集 27352 〉　庚用，弜䄆？

殷晚期對貞卜辭的否定句用法，有省略全句，而只剩下一否定副詞「弜」的例子。如：

〈集 30609 〉　其牢三牛？

　　　　　　　弜？

〈集 27559 〉　其禦妣辛？

　　　　　　　弜？

總括以上殷卜辭和周原甲骨中「弜」字的用法，可以排比如下表：

殷卜辭	周原甲骨
弜—動詞	弜—動詞
主語—弜—動詞	（無）
弜—副句	（無）
弜後省動賓語	（無）

（七）不

　　周原甲骨「不」字用為否定副詞，出現於句首或副句的前面，後接動詞。例：

　　　　〈H1：84〉　　叀正，不ナ(佐)于又又？
　　　　〈H11：47〉　不大追？

　　此例「不」字和動詞間增置形容詞狀語。

以上兩種字例均見於殷卜辭。如：

　　　　〈集923〉　　貞：不ナ？
　　　　〈集1540〉　☑賓：王勿賓夕，不ナ？
　　　　〈集7665〉　戊申卜，不大彔？
　　　　〈集2723〉　□卯卜，今日不大雨？
　　　　〈集307〉　　不大出？

　　根據拙稿《殷墟卜辭句法論稿》87頁〈説不〉一節，「不」字在殷甲骨的用法，除以上二類句式外，還有：

（1）不—副詞—動詞

　　　　殷卜辭中否定句常見「不—其—動詞」的句式。如：

　　　　〈集892〉　　貞：今癸亥其雨？
　　　　　　　　　　　貞：今癸亥不其雨？
　　　　〈集3979〉　丙戌卜，㱿貞：旨允其來？十三月。
　　　　　　　　　　　丙戌卜，㱿貞：旨不其來？

　　「不」字後出現的副詞，除了「其」外，還有用「唯」、「亦」等。如：

　　　　〈集201〉　　貞：不隹父乙禍？
　　　　〈集5520〉　貞：邛方不亦出？

（2）不—代詞—動詞

　　　　「不」字句的賓語為第一人稱代詞「我」時，其句式多呈先置賓語的用法，作「不—我—動詞」。例：

〈丙3〉　　　己未卜,爭貞:王亥希我?
　　　　　　　貞:王亥不我希?

（3）不—介詞—賓語—動詞

「不」字句後承接的介賓語,有因強調語氣的關係而前移。

　　例:

　　〈南726〉　　壬寅貞:月又戠,王不于一人禍?

　　此例句末應是「王不禍于一人」的移位。

（4）不—時間語詞—動詞

殷卜辭中常態句例的時間語詞都置句首,但亦偶有加插於
否定詞和動詞之間。例:

　　〈集30104〉　不夕雨?

　　〈集6037〉　不其明雨?

（5）不字句省主、動、賓語

殷晚期卜辭對貞句多簡省,其中否定句有省略僅餘一否定詞。

　　例:

　　〈南783〉　　于大乙告:三牛?
　　　　　　　　　不?
　　　　　　　　　于示壬告?
　　　　　　　　　不?

（6）不字置單句之末,用作否。

　　〈集12333〉　丙戌卜貞:自今日至庚寅雨不?

　　〈南2693〉　辛未卜,王其田不?

總括以上殷卜辭和周原甲骨「不」字的用法,可排比如下表:

殷卜辭	周原甲骨
不—動詞	不—動詞
不—大—動詞	不—大—動詞
不—副詞—動詞	（無）
不—代詞—動詞	（無）
不—介詞—賓語—動詞	（無）
不—時間語詞—動詞	（無）
不字句省主、動、賓語句式	（無）
不置句末作否	（無）

（八）弗

周原甲骨「弗」字用為否定副詞，出現於句首或副句的前面，後接及物動詞。例：

〈H11:65〉 弗用茲卜。

〈H31:4〉 卟曰：母既，弗克衣（殷）☒。

根據拙稿《殷墟卜辭句法論稿》103頁〈說弗〉一節，殷卜辭「弗」字後亦多接動賓語，並有見於副句之前。如：

〈集903〉 父辛弗壱王？

〈集10612〉 己巳卜，狩，弗其逐？

此外，殷卜辭中「弗」的用法，復有：

（1）弗—其—動詞

〈集5874〉 弗其執？ 三月。

執？

（2）主語—弗—其—動詞

〈集795〉 貞：我弗其受黍年？

（3）于—時間語詞—弗—其—動詞

〈集22098〉 丁亥卜：妙有疾，于今三月弗其水？

（4）唯—弗—其—動詞

〈集19191〉 壬申卜，貞：隹弗其克？

此例「弗克」一辭用意正與周原甲骨〈H31：4〉相同。

總括以上殷卜辭和周原甲骨中弗字的用法，可排列如下表：

殷卜辭	周原甲骨
弗—動詞—賓語	弗—動詞—賓語
弗—其—動詞	（無）
主語—弗—其—動詞	（無）
于—時間語詞—弗—其—動詞	（無）
唯—弗—其—動詞	（無）

（九）亡

周原甲骨「亡」字用為否定詞，後接謂語。例：

〈H11:28〉 戠更亡咎？

〈H11:77〉 更亡咎？

〈H11:113〉 辛未王其逐麂，翌亡眚。

眚，《廣韻》：「過也」。「亡眚」、「亡咎」，都是貞問沒有災禍的意思。最後一例句式是「時間語詞—亡—名詞」。

殷卜辭中「亡」字的用法亦涵蓋周原甲骨，有：

（1）亡—名詞

〈丙429〉　貞：妨亡子？

〈丙329〉　辛酉卜，豆貞：子昌亡疾？

以上二例的「子」、「疾」均屬名詞謂語。

（2）亡—名詞組

〈丙117〉　貞：亡來艱？

〈丙326〉　辛戌卜，賓貞：茲邑亡降囚？

〈丙540〉　貞：亡來風？

（3）時間語詞—亡—名詞

〈丙97〉　貞：今乙未亡壱？

〈集26252〉己巳卜，行貞：今夕亡囚？在九月。

（4）亡—其—動詞

〈集5137〉　貞：亡其來自西？

〈集5155〉　貞：亡其去？

（5）亡—不—動詞

〈集5354〉　貞：王亡不征？

（6）亡—首—動詞

〈屯994〉　己酉貞：王亡首擒土方？

首，乃一加強否定語氣的語詞；詳拙稿《殷墟卜辭句法論稿》139頁。

殷早期卜辭中「亡」字後所接謂語有屬於正面的吉語，如：「亡吉」、「亡佐」、「亡保」。例：

〈集22067〉　壬子卜，貞：有其歸婦亡大吉？

〈英1152〉　亡ナ？

〈集21292〉　亡保？

然晚期卜辭「亡」字後所接的謂語則均屬負面的凶語，如：「亡尤」、「亡畎」、「亡災」、「亡壱」，即沒有禍害，其用法和周原甲骨一致。例：

〈集34722〉　丁丑貞：戊祝亡尤？

〈集39086〉　癸未卜，貞：王旬亡畎？

〈集37460〉　壬子卜，貞：王田于游，往來亡災？茲禦，獲鹿。

〈集37844〉　癸卯王卜，貞：翌日自上甲至多后，衣亡壱自畎？在九月。唯王五囗。

總括以上殷卜辭和周原甲骨的用法，可排比如下表：

105

殷卜辭	周原甲骨
亡—名詞	亡—名詞
亡—名詞組	（無）
時間語詞—亡—名詞	時間語詞—亡—名詞
亡—其—動詞	（無）
亡—不—動詞	（無）
亡—首—動詞	（無）

　　總結以上九個虛字：叀、隹、其、于、自、弜、不、弗、亡等所接的常態和特殊的句型、詞性、出現位置、內容、用字、對貞用法和斷代標準，殷卜辭明顯的蓋括了周原甲骨的絕大部份用法，特別是殷晚期卜辭的句法，與周原甲骨類同的例子十分普遍。反過來説，周原甲骨虛字的用法卻鮮有超出殷墟卜辭。儘管目前所見的周原有字甲骨只有不到三百片，不見得能充份代表周原甲骨的用法，而且以區區三百片之數，和近十多萬片殷墟甲骨相比較，顯然亦無法完全客觀的掌握二者的差異。然而，單就以上各種虛字用法的互較，已足見殷卜辭和周原甲骨的關係是十分密切的。它們所反映的，應是同一種語言的文字記錄。周原甲骨的發生時限，應該和殷晚期卜辭相距不遠。目前，因為周原甲骨出土於岐山，許多學者遂論斷為西周時期周人的文字。然而，透過上述虛字句型的了解，這批材料盡管出於周地，也必定是早周之物。過去，本人曾就周原甲骨中的「王」、「貞」、「正」等特殊字例，判斷其中若干甲骨應該是晚商時期的東西。由以上虛字的討論，更可以確定的是，當日刻寫這批周原甲骨的，其中有屬於晚商時期的史官，應是不容置疑的。

第四章　釋正—兼論周原甲骨的時代

提要

　　有關周原甲骨中出現的正字，諸家有腳指、大臣、全牲，或與祭祀相關等不同說法。本文先就殷墟卜辭中正字的用法，討論于省吾先生過去提出的「正禎疊韻通用」一說恐有待商榷，並認為正字除作為征伐的征字外，在氣象類卜辭「雨正」、「正雨」等辭例中，可釋為足夠的足，而在祭祀類卜辭的「祭牲有正」、「祭儀有正」、「先王正」、「告疾，正」等辭例中，宜讀為禎祥的禎。周原甲骨的正字均應讀與禎同。

　　本文復由字形（如：癸、巳、王、貞、在、弜）、辭例（如：王受又又、典冊方國、羍又先王、曰吉、禦祭人牲、其若、祭牲—數詞）和句義（如：王祭祀對象為商先王成湯，大戊和帝乙，王用祭儀羍、祭、禦、禘等與殷習相同，王策告的附庸對象為周方伯）三方面推尋，確認周原的正字句甲骨與晚商第五期帝辛卜辭的時代相合。

　　岐山周原甲骨的正字共有六見，都作正。其內容分別如下：

1・〈H11：1〉　癸子（巳），彝文武帝乙宗。貞：王其邵（邵）祭成唐（湯）竉，禦（禦）奴（奴）二女，其彝血（盟）牡三、豚三，囤（囷）又正？
2・〈H11：82〉　才（在）文武☐王其邵（邵）帝（禘）天（大）戊（？）殷（典）冊周方白（伯）☐叀正，亡尢（左）☐王受又（有）又（祐）？
3・〈H11：84〉　貞：王其羍又（侑）大甲，冊周方白（伯）壴，叀正，不尢（左）于受又（有）又（祐）？
4・〈H11：144〉　弜巳（祀），其若奴（奴），叀正？
5・〈H11：130〉　☐叀正，受又（有）又（祐）？
6・〈H11：189〉☐曰吉☐其五☐正，王受☐？

　　徐錫台先生《周原甲骨文綜述》13頁注〈H11：1〉一版，釋囤為西，謂：「西有正，即惟有正。見《周書·立政》：『惟正是又之』，孔安國傳謂『正，惟以正是之道也。』」57頁注〈H11:82〉一版，謂「西正，即惟正道。」74頁注〈H11：114〉：「弜巳，

其若反西（隹）正，大意是説：不要祭祀，他已順從歸服正道。」

　　陳全方先生《周原與周文化》124 頁隸定〈H11：1〉末句為「叀（惟）又（有）足」，復比附古代神話傳説，謂：「《詩・大雅・生民》：『履帝武敏歆』，毛傳曰：『帝，高辛氏之帝也。』〈鄭箋〉：『帝，上帝也；敏，拇也。‥‥祀郊禖之時，時則有大神之迹，姜嫄履之，足不能滿，履其拇指之處，心體歆歆然，其左右所止住，如有人道感己者也，于是遂有身，而肅不復御；後則生子而養長之，名曰弃。』……由此祀典看，周人和商人均祭祀「大神」，而后稷之生恰因姜嫄踩了「大神」之迹所致。這雖然是傳説，但也反映了周人祭祀殷人之祖的因緣。」

　　徐中舒先生〈周原甲骨初論〉釋此句為「西又正」，謂：「西又正，指周大臣。此言文王在文武帝乙宗祠祀成唐及其兩個配偶，殺牲為盟，在殷王祖先神明監臨下與周大臣同吃血酒，共效忠誠。」

　　王宇信先生《西周甲骨探論》41 頁釋此句為「叀又（有）足」，並在 50 頁引陝西周原考古隊〈陝西岐山鳳雛村發現周初甲骨文〉和陳全方〈陝西岐山鳳雛村西周甲骨文概論〉二文，謂「叀又（有）足，指祭祀所用之牲頭足齊全。」

　　李學勤先生〈周原卜辭選釋〉釋此句為「囟又正」，對於正字的理解是：「按殷墟第五期卜辭也常於辭末卜問『正』或『又正』，與此辭辭例相同，如〈前 1.20.7〉、〈前 4.38.5〉、〈續 2.7.1〉、〈京人 2951〉等等，多與祭祀有關。」

　　以上諸家説解，可説是眾説紛紜。其中除了李學勤先生的意見是就地下材料歸納印証，所以比較客觀中肯外，諸家的説法，都免不了流於主觀的過分想像。然而，李學勤先生雖然提出正字「多與祭祀有關」，但可惜沒有進一步推論正字的意思。過去首先提出殷卜辭中的正字可以為祭名用法的應是于省吾先生。于先生在《甲骨文字釋林》154 頁〈釋生、正〉一文中，提出卜辭的正字相當於文獻的禜：

　　「甲骨文祭名之正，應讀作禜，正禜疊韻，故通用。《楚辭．遠遊》：『魂煢煢而至曙』的『煢煢』，和〈哀時命〉：『魂眐眐以寄獨兮』的『眐眐』，音近相假。‥‥這是从狌从正字通之証。再就義訓來説，甲骨文多以正為征伐，而禜則是攘除殃患之祭，兩者義也相涵。《説文》：『禜，設綿蕝為營，以禳風雨雪霜水旱癘疫於日月星辰山川也，从示从營省聲。一曰禜衛，使災不生。』……又《左傳》哀公六年的『若禜之，可移於令尹司馬』，杜注：『禜，禳祭。』這和許説以禳風雨云云，都是以禜為禳祭之一種。」

于先生釋正為禜，作為止旱的祭名，主要是透過文中卜辭的正字與亡雨、有大雨見於同辭〈粹 13〉，而同韻部的禜字在文獻中恰有禳

108

除風雨水旱的用意。因此才把正、禜二字系聯起來。這說法相對看來似乎是較合理的，可是對於若干特殊的辭例卻仍未能通讀。因此吾人有必要再重新核對正字的用法。

殷卜辭中正字除了普通用為征伐的征字外，有用作祭祀類的「祭牲有正」、「祭儀有正」、「先王正」和氣象類的「正雨」、「雨正」、「雨不正」等辭例。于先生把這兩類正字的用法合為同一類來處理，所以才會有禳旱的說法。其實，氣象類的「正雨」、「雨正」、「雨不正」的正字若作為祭名用是不好解釋的。因為如依于先生文 156 頁所言：「禳祭為的是攘除旱災，其非霪雨為災以求晴」，則卜辭貞問「正雨」「雨不正」的文意就沒法通讀了。反觀郭沫若先生在《卜辭通纂》363 片釋正為足，陳夢家先生在《卜辭綜述》524 頁亦以正為足：「殷人不但求雨，並且要求雨量充足。」徐中舒先生《甲骨文字典》146 頁分別舉〈丙 54 〉：「貞：正唐？」〈合 278 〉：「貞：正祖乙？」釋為祭名；舉〈合 229 〉：「辛未卜，㕚貞：黍年，有正（足）雨？」釋為充足之足。按卜辭中有求豐年而問「正雨」，正字隸作足，作為足夠的意思顯然是文從意順的。如：

〈集 10136 〉 己亥卜，爭貞：在𦎫田，㞢正雨？

〈集 10167 〉 貞：黍年，㞢正雨。

〈英 818 〉 ☑卜，穧年，㞢正雨？

由此可見，諸家對於「正雨」「雨正」一類正字釋為足，都有比較一致的看法。如此，祭祀類的「先王正」等的「正」字字義是否須要和止旱的禜字掛鉤，就失去了一必然的關係。

細審殷卜辭中正字用作祭祀類的辭例，可區分以下七類：

（一）祭祀某先公先王，然後問「正」「又（有）正」。如：

〈遺 4 〉 貞：翌乙酉酚唐，正？

〈集 900 〉 㞢（侑）于祖乙：宰，正？

〈集 1140 〉 壬子卜，賓：㞢于示壬，正？

〈集 27503 〉 其召妣甲、祖辛奭，有正？

（二）舉行某祭儀，然後問「正」「又（有）正」。如：

〈合 179 〉 今日夕用，正？

〈集 2273 〉 己未卜，爭貞：來甲子酚，正？

〈集 30815 〉 叀辛丑酚，又正？

〈合 176 〉 己未卜，爭貞：來甲子酚彡，正？十月。

貞：來甲子酚彡，弗其正？

〈屯 613 〉 于祖丁歲又正，王受祐？

〈集 27589 〉 王賓母戊，歲又正？

〈集 31003 〉 叀林舞，又正？

〈集 28209 〉 叀祖丁秝舞用，又正？

109

（三）用祭牲若干，然後問「正」「又（有）正」。如：

〈前1.48.6〉　　貞：叀五牛，正？

〈集29504〉　　白牛叀二，又正？

〈集30710〉　　叀牢，又正？

〈集30815〉　　十宜，又正？

　　　　　　　　兇五宜，又正？

〈集424〉　　貞：用羌于祖乙，正？

（四）直接問「正某先王」否。如：

〈丙54〉　　貞：正唐？

　　　　　　弗其正唐？

〈合278〉　　貞：正祖乙？

（五）有先言「某先王正」，然後追問「王受祐」否。如：

〈存1.2295〉　　☑帝宗正，王受有祐？

〈屯1055〉　　叀父庚庸用，隹父甲正，王受祐？

〈集35356〉　　乙丑卜貞：王其有彡于文武帝必，其以羌五人正，王受有祐？

〈集36123〉　　癸酉卜貞：翌日乙亥王其彡于武乙必，正，王受有祐？

〈集36168〉　　丙戌卜貞：翌日丁亥王其彡于文武帝，正，王受有祐？

〈集36315〉　　☑貞：翌日癸卯王其☑妣癸必，正，王受有祐？

（六）有祭祀先王先妣，然後問當日或晚上「正」「又正」否。如：

〈集27561〉　　☑王賓妣辛，日又正？

〈合179〉　　今日夕用，正？

（七）有冀求先王免禍去疾，然後問「正」否。如：

〈掇續300〉　　貞：乍告疾于祖辛，正？

　　歸納以上祭祀類卜辭正字的用例，我們能掌握以下幾點正字的認識：（1）正否與王受祐有關。（2）正否是由先公先王所賜。（3）先公先王賜正是在當日或當晚。（4）殷人提供不同的祭儀和祭牲來問正否。（5）正否與除禍去疾有關。由此可見，正字應該有吉祥的正面意思，它與旱雨很明顯是沒有必然關係的。而且，根據殷人的認知，一般的先王先妣是沒有權力命令雨否的。卜辭中唯獨上帝才有驅使降雨的能力。如：

〈集5658〉　　丙寅卜，爭貞：今十一月帝令雨？

〈集900〉　　至甲辰帝不其令雨？

而殷人間接求雨的對象，亦只是河神、岳神和極少數的高祖。

〈集12853〉　　壬午卜，于河峯雨，叀？

〈英2444〉　　丙午卜，唯岳壱雨？

〈集672〉　棄雨于上甲：宰？

〈集63〉　貞：翌辛卯車棄雨燮，↑雨？

因此，卜辭中許多向一般的先王先妣祈求正否的辭例，實不應理解為止旱祈雨的意思。

我們認為，這與祭祀有關的一類正字都應讀為禎。正，上古音屬章母耕部，擬音為 tien；禎，屬端母耕部，擬音為 tien（據北京大學郭錫良先生《漢字古音手冊》擬音）。端、章二類聲母同為塞音，發音只有舌面和舌尖的差別。章母屬照系三等字，由錢大昕以來均已論証古歸舌頭音。因此，「正」借為「禎」在讀音上是沒有問題的。《漢書·宣帝紀》注「禎，正也。」正是二字通用的証據。《說文》：「禎，祥也。從示貞聲。」《爾雅·釋言》舍人注：「禎，福之祥。」《字林》：「禎，福也。」《詩·維清》傳：「禎，祥也。」《文選·魏都賦》注引〈蒼頡篇〉：「禎，善也。」由字義看，禎字有祈求來福降祥兆的意思。以上諸類祭祀卜辭的正字用作禎祥的禎，在上下文都能通讀無礙。如第一類言祭祀某先公先妣，然後卜問會否降禎祥；第二類言舉行某祭儀，然後卜問會否降禎祥；第三類言用祭牲若干，然後卜問會否降禎祥；第四類言求禎祥於某先祖；第五類言某先王降禎祥，然後追問時王會否受佑；第六類言祭祀先王先妣，然後問是日或是夕會否降禎祥；第七類言祈求先公先王免禍除疾，然後問禎祥否。特別是最後一類的〈攟續300〉一版辭例，由陳述告疾於先祖一事而問正，正字自當有去疾而求吉祥的用意，更是呼之欲出。總括上述，殷墟祭祀類卜辭中的正字讀為禎，在音義上都是可以相驗証的。

吾人檢視上引周原甲骨的六條正字句，根據上下文意，都全屬於祭祀類。正字在此作為禎字的用法，也是完全可以通讀無詑。在辭例「車正」、「車又正」的前面，有承接祭祀先公先王的句式，如「王其邵祭成唐𪾔」，「王其邵禘大戊」、「王其棄又大甲」；在「正」字的後面，則下開「王受有祐」、「受有祐」等求降佑於時王的句式。這和上文第五類祭祀卜辭先言某先王正，然後追問「王受祐」的句式是完全吻合的。而上述第五類祭祀卜辭的句例，除〈屯1055〉為第三期外，其他都屬於殷商第五期帝辛卜辭。因此，由「正」字的用法，可推知周原甲骨的材料，其時代有與晚商甲骨相合。

吾人再由字形、辭例和句義諸方面推尋，亦可概見這六版正字句的時代。

一、字形

〈H11：1〉的干支癸巳刻作⅗彡。據董作賓先生《甲骨文斷代研究例》97頁干支字演化表，癸字在殷第一期至第四期卜辭

111

作𠬝，第五期字的交叉線突出作𠬝；巳字在殷第一期至第三期卜辭作子，第四、五期則作子，字形的兩手趨上揚。很明顯的周原甲骨的癸、巳二字形與晚商文字相合。

周原甲骨的王字有作王，三横一豎，屬殷人的甲骨。據拙文〈由王字論周原甲骨的斷代〉，王字在殷第一期卜辭作𠙶，第二至四期作王，第五期則作王。可見周原甲骨中正字句的王字與殷第五期卜辭的寫法相同。

周原甲骨的貞字作貞、作貞。據拙文〈由貞字論周原甲骨的斷代〉，貞字在殷第一期有作貞、第二期作貞，第三期有作貞，第四期有作貞，第五期多作貞。其中亦偶有增卜作貞；字形與周原甲骨相同。

周原甲骨的才字作才，豎畫上下通。據徐中舒先生《甲骨文字典》才字在殷第一期作才、才；第二至五期作才、才，與周原甲骨相同。

周原甲骨的否定詞弜作弜，从二弓。據拙文〈釋勿、弜同字〉，殷第一、二期作弜，由第二期末過渡至第五期有作弜，與周原甲骨相同。

歸納以上六版正字句周原甲骨的特殊字例，其形構與晚商文字是相吻合的。

二、辭例

周原甲骨多見「王受又又」例。相對參照《殷墟甲骨刻辭類纂》又字條，殷卜辭第一期多作「受又」或增第一人稱代詞的「我受又」，第三期始有「王受又」的用法，而「王受又又」則普遍見用於第五期卜辭。

周原甲骨有「典冊周方伯」例，相對的殷卜辭亦多見典冊附庸方國的例子。如：

〈集 27985〉 ☐𠦪典𠕋羌方，王☐？

〈集 2824〉 貞：婦𡚸𠕋冊畫？

〈集 6160〉 ☐沚戠爯冊𠕋𠱫方☐王比下上若，受我☐？

〈集 6404〉 ☐沚戠☐𠕋土方？

〈集 28088〉 ☐卜，狄☐危方美☐𠕋于☐若？

周原甲骨有「𠦪又先王」例，用法亦見於殷卜辭。如：

〈集 19773〉 己巳卜，𠦪又大丁三十☐？

〈集 19865〉 丙寅王彡祖丁，𠦪又四☐？

〈集 19946〉 丙子卜，𠦪又大丁？

周原甲骨有「曰吉」的殘例，這應該和殷第一期和第五期常見的「王𡆥曰：吉」的用法相同。

　　周原甲骨有「禦祭人牲」例。殷卜辭亦有用人牲的「禦奴」「禦羌」例，如：

　　〈集 22139 〉　丁酉卜，來庚用禦奴？

　　〈集 6616 〉　丙辰卜，般貞：卯羌于河？

　　〈集 27972 〉　于潯，帝呼禦羌方于之，哉？

　　周原甲骨有虛字「其」接動詞「若」字例，這用法亦見於殷卜辭。如：

　　〈集 1611 〉　王卜，其若茲永？

　　〈集 6952 〉　望洋，弗其若，启雀？

　　〈集 32035 〉　辛酉其若亦盤伐？

　　周原甲骨有在祭牲後接數詞例，這和殷卜辭的用法亦同。據拙文《殷墟卜辭句法論稿》254 頁歸納祭牲類卜辭，其中的「數詞—牲名」為常態用法，而「牲名—數詞」則為移位的變異句式。

　　統觀以上六版周原甲骨的辭例，率皆見用於殷卜辭。這現象顯然並不是巧合。因此，吾人有理由相信周原甲骨的時限和殷墟卜辭是有重疊的關係。

三、句義

　　以上六版周原甲骨的內容，記錄時王祭祀的對象是殷商的先王成湯、大戊和帝乙，而所用的祭儀如桼、祭、禦、禘等都已見用於殷卜辭。相對的，王所命策的附庸對象是周方伯。因此，王作為商王來理解是合理的。「王受又又」應是祈求殷商的時王得到保祐，這用法和晚殷甲骨是完全相吻合的。據《史記.殷本紀》，晚殷時命策的周方伯應是西伯姬昌，「賜弓矢斧鉞，使得征伐，為西伯」。而命策的時王是商王紂。由以上句義的分析，吾人審定這些甲骨應是晚商帝辛時期的材料。

　　歸納以上字形、辭例和字義諸方面的分析，這批祭祀問禎祥的周原甲骨應與殷墟第五期卜辭的時代相同。

第五章　由周原甲骨談殷周文化的關係

　　《論語》説：「周因於殷禮，有所損益」，周原甲骨的出土，在在證實殷、周二民族間並行的關係和密切的接觸。周人不但在政治上取代了殷商的共主地位，在文化上亦充分沿襲了殷商的特色。以下，吾人分別就周原甲骨的文字、政治、禮制、曆法、卦象、鑽鑿等方面，申述殷周間一貫相承的文化流變。

一、文字

（1）字體

　　殷商甲骨的字體，一般都是斗大方正，刻寫有力。特別是早期的殷墟文字，更能呈現這種風格。及至第五期帝乙、帝辛卜辭，文字始明顯的趨於纖細。周原出土的甲骨字體在風格上承襲晚殷的寫法，更是「小如粟米，筆如髮絲」，有些甚至要用高倍的放大鏡才能看得清楚。關於字形演變，殷周相承接如一體。如「來」，殷早期卜辭作 ✹，至第四、五期卜辭字首增橫畫作 ✹，字形與周原甲骨同。「其」，殷第一至四期甲骨作 ✹，至第五期甲骨增橫畫作 ✹，與周原甲骨全同。「帝」，殷早期甲骨作 ✹、✹、✹，至第五期甲骨作 ✹，與周原甲骨無異。「隹」，殷第一至四期甲骨作 ✹，至第五期甲骨作 ✹，與周原甲骨相合。「王」，殷卜辭字形由 ✹ 而 ✹ 而 ✹，而周原甲骨有作 ✹、✹，字形演變完全一致。由此可見，周原甲骨的字形與晚商文字有相同的一面。

（2）句式

　　殷甲骨文字刻寫多工整有行氣，明顯是嚴肅誠敬的作品，這反映殷人尚鬼的宗教崇拜。而周原甲骨文字稍潦草，若干句子隨意的橫豎交錯，刻寫往往流於形式，或屬習刻者所為。在某種程度上亦表示周人對於龜卜的疏離。殷早期卜辭體例完備，多屬兩兩成組的對貞句，晚期卜辭則轉用單句的方式來直接貞問吉凶；周原甲骨中罕見問卜的卜兆、兆序和兆辭，其性質明顯的和殷卜辭不同。周原甲骨沒有成組的對貞句式，只有屬於單句的問卜，並且出現較多記事的陳述句，是以其句式較接近晚殷的卜辭。

（3）讀法

　　殷周刻寫文字的習慣有同有異，殷文成組有系統，周原甲骨文

句零散。二者的相異處以卜骨讀法的不同較顯著：殷墟卜骨文字一般都是以骨臼一邊為上，而朝下讀，以骨臼為下端的倒刻都是特例，如〈甲2902〉；周原若干卜骨的刻寫方式剛好相反，文字由骨肩胛扇一邊讀起，骨臼反而為下方。

（4） 文例

周原甲骨中有大量的文例用法，可以在殷墟卜辭中找到，可見殷周民族間詞彙的使用、若干文化習性和背景都是一脈相承的。如周原甲骨的「受有祐」〈H11：84〉、「燎於河」〈H11：30〉、「禦于王」〈H11：14〉、「彝某先王宗」〈H11：1〉、「乍某先王豐」〈H11：112〉、「祭某先王龕」〈H11：1〉、「血牡若干、豚若干」〈H11：1〉、「弗用茲卜」〈H11：65〉、「冊某方伯」〈H11：84〉、「羽祀」〈H11：114〉、「呼見某方」〈H11：9〉、「大出」〈H11：9〉、「曰吉」〈H11：189〉等，都曾見用於殷墟卜辭。然而，周原甲骨的文例亦有異於殷卜辭的，如「叀亡咎」〈H11：28〉、「自不朼」〈H11：135〉、「大保」〈H11：15〉、「宬叔」〈H11：37〉、「難子來降」〈H31：2〉、「畢公」〈H11：45〉、「虫白」〈H11:22〉、「颷商」〈H11：164〉、「祠自某地于某地」〈H11:117〉、「舟奐」〈H11:4〉、「永終」〈齊家村〉等，以上諸文例都明顯的可與周金文、古籍相印證，故宜屬早周時期周人的眞實語言，而與殷卜辭的內容完全不合。

（5） 語法

據本文上編〈周原甲骨文考釋〉，分析周原甲骨中分屬商人甲骨和周人甲骨的用句句式如下表：

	商人甲骨	周人甲骨
否定詞	亡+名詞 弗+動詞 不+動詞 羽+動詞	亡+名詞 弗+動詞 不+動詞
形容詞	大：大+動詞+于+名詞	大：大+動詞 大+名詞
數詞	名詞+數詞 數詞+名詞	數詞+名詞
介詞	迺：迺+動詞	迺：迺+動詞 迺+名詞

115

	叀：叀+名詞	唯：唯—時間副詞
	叀+又+名詞	唯—主語—動
	叀+亡+名詞	詞
	自：自+名詞	
	于：于+名詞	
		自：自+名詞
		于：于+名詞
其字句	其+動詞	其+動詞
	其+動詞+名詞	其+動詞+名詞
	其+名詞+動詞	其+名詞
	其+于+名詞	
呼字句	呼+動詞+名詞	呼+名詞+動詞
	呼+名詞+動詞	

　　互較商人甲骨和周人甲骨的用語異同，明顯的發現二者大部份都是相同的。基本上商人甲骨的語法可以涵蓋周人甲骨。其中只見用於商人甲骨的，如否定詞用「弜」，數詞和呼字句的移位，句首虛字用「叀」，都是屬於商人特有的用法。而周人甲骨中句首都用「唯」，形容詞「大」和介詞「迺」後接名詞述語，都是周人新增的用語。因此，周人甲骨的句型是上承商人甲骨而復有開創。

二、政治

　　根據《史記.周本紀》的記錄，周民族一直作為殷的附庸國。殷卜辭在武丁時期已看見周人納貢的史實，如〈乙4063〉有「周入（納）」、〈乙8894〉有「婦周」、〈集4884〉有「甲午卜，賓貞：令周乞牛多☒？」可見殷周屬於君臣的關係是可靠的。周民族長期遭受殷人的欺壓，由許多伐周的卜辭記錄可以作證：

〈集6657〉　丙辰卜，賓貞：王叀周方征？
〈集6824〉　☒未卜，☒弗敦周？八月。
〈集6812〉　己卯卜，允貞：令多子族比犬族寇周，叶王事？五月。
〈集6825〉　☒申弗敦周？十二月。
〈集20508〉　癸卯卜，其克戈周？四月。
〈集20366〉　☒周允執。

　　由以上征周、敦周、寇周、戈周、執周等句例，可見周雖為殷的附庸，但殷周關係長期處於緊張的對峙狀態。周原甲骨的出土，發現多片有關祭祀殷先王的甲骨。例：「祭成唐」〈H11:1〉、「彝

文武帝乙宗」〈H11：1〉、「𡘜大甲」〈H11：84〉、「乍武丁豊」〈H11：112〉、「彝文武丁必」〈H11：112〉等。這些甲骨如認定是周人所刻，則可判斷當日周民族的宗教信仰都受制於殷商，故不得不祭拜殷先祖的宗廟；如認為是商人的遺物，則可推斷晚商時期史官曾有「奔周」的實況。目前看來，恐怕以後者的可能性較高。無論如何，殷卜辭和周原甲骨的連繫，都一致的告訴我們這兩個民族在政治上的密切關係。

三、禮制

周原甲骨中有許多祭祀的記錄，而若干的祭名如：「禦」、「夒」、「祭」、「𡘜」、「祀」等均早見於殷卜辭，此等當顯示殷周二民族有共通的祭儀方式。由此，可以推論殷周的祖先崇拜以至宗教信仰是相類的。此外，〈H11：117〉一片復有言「祠」，乃周人專門使用的新祭。

周原甲骨中的爵稱，如：「侯」、「伯」、「子」，均見於殷卜辭，其用法自是沿襲殷人而來，二族的人文禮儀當相距不遠。此外，〈H11：45〉一版復有言「公」者，當為周人新出的用法。《周禮》中的五等爵：公侯伯子男，在周原甲骨已發現四種。

周原甲骨中的官名，如「內史」〈H11：11〉、「見工」〈H11：102〉、「大保」〈H11：15〉等，均不見於殷卜辭，卻與西周金文的用法相吻合。此可見周原甲骨的時限，有屬晚殷卜辭與周金文間的過渡。周禮據殷商而有所損益，由地下材料能夠充分的得到證實。

四、曆法

周原甲骨關於天文曆法的記錄，有紀年，如〈H11：64〉的「六年」、紀季，如〈H11:83〉的「曰：今秋楚子來告」（按：唯今字的後一字是否釋作秋仍有待商榷）、紀月，如〈H11：15〉的「大保今二月往正☑」、紀日，如〈H11：1〉的「癸巳彝文武帝乙宗」、紀閏月，如〈H11：2〉的「自三月至邘三月，月唯五月，虫尚」，以及可能有紀月相之法，如〈H11：55〉的「隹十月即☑亡咎」，這裡說的「即☑」有學者認為是「既死」，可能即是金文的「既死魄」，唯孤證殘文仍待考。

周原甲骨曆法的月中置閏，正好與晚殷卜辭的用法相合。而紀季、紀月、紀日，亦普遍與殷卜辭相連。其中只有紀年的用法不見於殷商。《爾雅》〈釋天〉：「商曰祀，周曰年」，文獻的記錄顯

然與地下材料的用法是相合的。周原甲骨的紀年和月相的使用方式，恰又與周金文相合。由此可見周人對於殷文化是既承接，復開新。

五、卦象

殷墟安陽四盤磨曾出土積畫的符號，郭沫若、唐蘭諸先生曾釋為族徽。及至周原甲骨發現大量同類形的符號，張政烺先生在 1978 年吉林大學古文字研討會中，正式提出周原甲骨中的「八七八七八五」〈H11：7〉、「七六六七六六」〈H11：81〉、「七六六七一八」〈H11：85〉、「□六六七七一」〈H11：90〉、「六六七七六□」〈H11：91〉、「七六六六七六」〈H11：177〉等積畫和易八卦有關，應該是重卦的本形。其後徐錫臺先生撰〈西周卦畫探源〉推演此說。無論張先生等的推論是否確實，周原這些積畫數字早見用於殷卜辭中，明顯的是繼承了晚商殷人的用法。

六、鑽鑿

殷墟甲骨背面的鑽鑿一般都是圓形或橢圓形，左右相對整齊並列。周原出土的牛肩胛骨屬圓鑽，形式與殷卜骨相同。唯獨周原的龜甲，有作方孔的鑿，且三個一組，成橫列的形式。這種現象在殷卜甲中極為罕見，可以解釋為周人獨特的卜法，或可視為晚殷帝辛時期對占卜形式的一種變革。

第六章　周原甲骨字形源流考

　　周原甲骨的發現，提供了研究西周早期歷史的珍貴材料。這批早周甲骨文字亦成為殷商卜辭過渡至兩周金文的重要橋樑。吾人互較殷周甲骨的字形，同中求異，嘗試探討早期文字演進的特徵。

一、周原甲骨字形上承殷墟甲骨
例：

（1）㫃，殷卜辭第一期有作〈藍天 10〉，至第五期亦見作〈集35347〉；象旌旗。周原甲骨的㫃字作〈H11：112〉，與殷文合。

（2）方，殷卜辭一般作〈合 124〉、作〈南明 487〉；第一期有省作〈卜 606〉，至第五期亦有作〈前 2.5.1〉。周原甲骨均作〈H11：84〉，與殷文省例同。

二、周原甲骨字形與早殷文字相合
例：

（1）祀，殷卜辭第一期多作〈粹 1115〉，其後增偏旁示，如第三期的〈甲 2006〉、第五期的〈集 37836〉、〈集 37834〉。周原甲骨的祀字均不從示旁，作〈H11：114〉，與早殷文字合。

（2）祝，殷卜辭第一期多作〈乙 7750〉、〈甲 3566〉，晚期殷卜辭增從示作〈人 2284〉。周原甲骨的祝字不從示旁，作〈H11：198〉，與早殷文字相同。

（3）文，殷卜辭第一期作〈乙 8615〉，其後中間增文飾作〈乙6820〉、作〈京津 2837〉、作〈甲 3940〉。周原甲骨的文字均作〈H11：112〉，與殷早期文字一致。

（4）邠，殷卜辭第一期作〈前 3.20.3〉，其後增繁作〈存2.252〉、作〈後下 12.9〉。周原甲骨的邠字作〈齊家村二號卜骨〉，與殷早期文字同。

三、周原甲骨字形與晚殷文字相合
例：

（1）來，殷早期卜辭均作〈菁 5.1〉，及第四期卜辭始增橫畫作〈甲 790〉、第五期卜辭作〈前 2.26.7〉。周原甲骨的來字均增橫畫作〈H11：14〉，與殷晚期文字相同。

（2）其，殷第一至四期均作 ㄓ〈前 1.27.4〉，至第五期始增橫畫作 ㄓ〈前 2.5.3〉。周原甲骨的其字均從橫畫作 ㄓ〈H11：17〉，與殷晚期文字合。

（3）帝，殷早期卜辭均作 ㄓ〈粹 228〉、作 ㄓ〈前 3.3.3〉，第三期始有增短橫作 ㄓ〈乙 173〉，第五期卜辭作 ㄓ〈前 4.17.4〉。周原甲骨的帝字均有從短橫作 ㄓ〈H11：122〉，與殷晚期卜辭寫法相同。

（4）癸，殷第一至四期皆作 ㄓ〈京 862〉，及第五期才突出作 ㄓ〈前 1.20.7〉。周原甲骨的癸字均作 ㄓ〈H11：1〉，與殷晚期卜辭合。

（5）日，殷第一至四期皆作 ㄓ〈乙 4163〉，至第五期才見上橫靠邊作 ㄓ〈前 2.11.6〉。周原甲骨的日字上橫均連邊作 ㄓ〈H11：6〉，與殷晚期文字同。

（6）隹，殷第一至四期卜辭均作 ㄓ〈乙 6672〉，第五期則作 ㄓ〈甲 3941〉。周原甲骨的隹字均增中豎作 ㄓ〈H11：2〉，與殷晚期卜辭相合。

四、周原甲骨字形與殷文字相異
例：

（1）吉，殷卜辭作 ㄓ〈合 118〉、作 ㄓ〈存 1.2260〉、作 ㄓ〈前 2.11.6〉、作 ㄓ〈撫續 137〉。周原甲骨的吉字作 ㄓ〈H11：189〉，但亦有作 ㄓ〈H11：26〉，與殷文相違。

（2）卜，殷卜辭作 ㄓ〈粹 896〉、作 ㄓ〈乙 5393〉，旁裂紋往上斜出；周原甲骨的卜字則均從短橫直角作 ㄓ〈H11：52〉。

（3）身，殷卜辭作 ㄓ〈乙 7797〉、作 ㄓ〈乙 687〉、作 ㄓ〈乙 6691〉。周原甲骨的身字則作 ㄓ〈H11：61〉，下從橫畫，與殷文異。

（4）畢，殷卜辭作 ㄓ〈合 103〉、作 ㄓ〈粹 935〉。周原甲骨的畢字增從田作 ㄓ〈H11：45〉，此版定為周人的甲骨。

（5）貞，殷卜辭多作 ㄓ〈人 99〉、ㄓ〈庫 720〉、ㄓ〈乙 8998〉，周原甲骨字上均從卜作 ㄓ〈H11：10〉、作 ㄓ〈H11：174〉。

（6）自，殷卜辭作 ㄓ〈甲 192〉、ㄓ〈甲 2674〉、ㄓ〈粹 109〉，周原甲骨的自字下部結體下垂作 ㄓ〈H11：18〉，或下部相連作 ㄓ〈H11：135〉。後一字例為周人所刻應是沒有問題的。

五、周原甲骨字形與周金文相同
例：

（1）保，殷卜辭作 ㄓ〈乙 7781〉。周原甲骨的保字有增斜畫作 ㄓ

120

〈H11:50〉、增王作 🔣〈H11：15〉，與金文的盂鼎作 🔣、
矢方彝作 🔣 相合。

（2）蜀，殷卜辭作 🔣〈合 9774〉、🔣〈鄴 3.40.5〉，周原甲骨則
增從虫作 🔣〈H11：97〉、作 🔣〈H11：68〉，此與班簋作
🔣 同。

（3）乍，殷卜辭作 🔣〈甲 1013〉、🔣〈甲 2546〉、🔣〈後 1.22.5〉，
周原甲骨則均作 🔣〈H11：24〉、🔣〈H11：12〉，與伯盂
作 🔣、頌簋作 🔣 相同。

（4）魚，殷卜辭作 🔣〈集 10487〉、🔣〈甲 2824〉，周原甲骨省
魚尾成兩交線作 🔣〈H11：48〉、🔣〈H11：85〉，與蘇冶妊
鼎作 🔣、番生簋作 🔣 相合。

六、周原甲骨字形與篆隸同形

例：

（1）亡，殷卜辭作 🔣〈集 591〉、🔣〈集 36681〉。周原甲骨的
亡字作 🔣〈H11：20〉、🔣〈H11：55〉，與篆文同。

（2）牡，殷卜辭作 🔣〈甲 378〉、🔣〈存 2.797〉，而周原甲骨
則作 🔣〈H11：1〉，偏旁羊的寫法與小篆近。

（3）🔣，殷卜辭作 🔣〈簠文 50〉、🔣〈菁 10.6〉、🔣〈乙 8810〉，
周原甲骨則作 🔣〈H11：1〉，偏旁爿的寫法與小篆無異。

（4）楚，殷卜辭作 🔣〈粹 1547〉，周原甲骨有作 🔣〈H11：83〉，
木形已由 🔣 簡化為一橫畫的木，形與隸書相接。

（5）莫，殷卜辭作 🔣〈粹 682〉，周原甲骨則作 🔣〈H11：92〉，
所從的屮簡作 ＋，形與隸書無別。

七、周原甲骨字形筆畫趨固定

例：

（1）見，殷卜辭有人立作 🔣〈戩 26.1〉，亦有跪坐從卩作 🔣〈前
7.28.2〉，周原甲骨的見字則一律從人立作 🔣〈H11：92〉、
作 🔣〈H11：102〉。

（2）🔣，殷卜辭的冊形有從二豎作 🔣〈甲 1586〉、從三豎作 🔣〈粹
859〉、從四豎作 🔣〈柏 14〉、從五豎作 🔣〈京 4177〉，而
周原甲骨的🔣字已固定從三豎作 🔣〈H11：82〉。

八、周原甲骨字形書寫筆順與殷文稍異

例：

（1）乎，殷卜辭作 🔣〈鐵 45.1〉、🔣〈合 288〉，上面所從的三
點位置平行，書寫筆順由左而右。周原甲骨乎字作 🔣〈H11：

52〉、𡳿〈H11：92〉，上面三點中間的一點突出，無一例
外，三點的寫法順序宜先中，次左而右。

（2） 子，殷卜辭作𡥀〈佚92〉、𡥉〈粹1472〉，三豎平齊，然
周原甲骨的子則作𡥉〈H11：170〉，筆順宜以中豎為先。

　　總括以上八點，由周原甲骨的書寫與殷墟卜辭相同，表示出早
周文化與殷商有著緊密的接觸。周原甲骨塡補了文字由殷卜辭過渡
至周金文間的空檔，讓我們了解殷周文字演變的一貫性和整體性。
周原甲骨的字形有與殷代早期文字相合，亦有只與殷晚期文字類同
，可見周原甲骨的内容並不單純，周文字並非在某一時間内通盤的
自殷商截取。商文字對於周的影響，顯然是逐漸的和階段性的，是
自然的吸收同化而並非人為的高壓移植。另一方面，周人顯然已經
具備一定程度的文化水平，對於外來文化有檢定取捨的能力。舉凡
適合本國族實際需要的則模仿取用，不適合的則加以過濾，而不盲
目接受。殷周文字的有同有異，正反映出周民族的理性風格，有選
擇性的吸取殷人文化。由以上周原甲骨復與周金文、篆隸相類的例
子，可見早周文字對於後世文字發展的深遠影響。關於周原文字的
固定筆畫和特別筆順，亦在在呈現其時文字趨於一致的客觀要求，
以及因地域而產生的獨特風格。「書同文」的實際需求和取代殷商
書體的企圖，顯然已在早周甲骨中自覺的默默推行。

第七章　釋 休、智、暜

周原甲骨的「休」字例共五見（註1）：

〈H11：108〉　自不休。

〈H11：135〉　自不休。

〈H11：172〉　自暜。

〈H11：188〉　自不暜。

〈H11：131〉　自不暜。

此一句例不見用於殷卜辭，宜是周人的習用語。休、智、暜三字形為同字異構。由〈H11：108〉的自字作自，餘四例則作自、白看，後四版字形應較晚出。相對的，休字的字形流變是由休而增繁作智、暜。此字的基本結構為休，從口（註2）、從甘（註3）為晚出繁飾。休字從人從木，人形偏旁有面朝向木，亦有背向木，與殷卜辭的「休」字作休、作休，字形偏旁互置的形式相同。殷卜辭二「休」字形均用為地名，乃同字異構。例：

〈林2.21.3〉　丙子卜，宮于休？

〈後上12.8〉　庚子卜，賓貞：王往休，亡囚？

因此，周原的「休」字仍應隸作休。近人謂其偏旁從匕、或從旨而隸作杧、楷，是不恰當的。

吾人復由「自休」和「自不休」二種句型排比觀察其詞性，「不」字宜作為否定副詞，而「休」理應作動詞來理解。陳全方先生《周原與周文化》釋「不杧」為人名（註4），恐非。徐錫臺先生《周原甲骨文綜述》（註5）在〈H11：108〉釋文，謂：「杧為載之俎的牲體」；在〈H11：131〉又引《玉篇》「楷，木名」，謂楷「是指用大指柟木」；在〈H11：172〉釋文則釋為智，通析；在〈H11：188〉釋文卻隸作「曰不顯」，謂「即言大明也」。徐氏說解前後紛紜，恐仍待商榷。

周原甲骨的「休」字五例固定為木左人右的組合，字雖讀為休，但亦強調與一般的休字用法不同。它既不作名詞的地名解，又與文獻的休美、休息等義相異。今看周原的「休」字句例只作「自休」、「自不休」，句例的上下有空白處均無他文，故疑其為兆語如殷卜辭的「上吉」、「不辂殊」等類的獨立用法。我認為這些「休」字都是「咎」字的異體。商人已有咎字作休、咎（註6），周人在周原甲骨中見有寫作「休」，其實是同一個字。（1）由上古讀音看，咎字為群母幽部（gǐəu）、休字為曉母幽部（xǐəu），二者聲母皆屬舌根音，韻母又完全相同，有通假的條件（註7）。（2）由字

形看，周原甲骨另有「🐛亡咎」一例，「咎」字有上接商文字形的🔸〈H11：55〉，又有作🔸〈H11：60〉的變體；又〈H31：5〉「咎迺城」的咎字復作🔸。這些變體是殷卜辭的咎字和周原的休字間的重要橋樑。以上諸「咎」字字形共同的結體為人、口（甘）和像木形的符號，這和「休」字的組合完全相同。（3）由辭例看，周原甲骨的「自休」、「自不休」的用法均不見於殷卜辭和周金文，明顯是周原甲骨中早周的用法。自，殷卜辭多「王自」例，周金文常有「自作某器」，自字都理解為親自的用義。因此，這五版卜甲的自字當然可以作為占卜者的自稱。另外，文獻中自字有應用的意思。《廣韻》：「自，用也。」《尚書．皋陶謨》：「天其申命用休」。因此，「自休」，即相當於用咎。〈H11：222〉：「用，隹咎」，咎字省作🔸，與〈H11：60〉一版咎字作🔸形相近。《尚書．洪範》：「其作汝用咎」，《尚書故》：「汝用咎，猶言汝受其咎。」《尚書大傳》：「用咎于下。」以上「咎」字在甲骨文和文獻的用法，與「休」字亦相同。總括上述讀音、字形和辭例的互較，可證周原甲骨的「休」字與「咎」字相同。

　　咎，有災、病、惡等不吉的意思。「自休」，即問占卜者本人或用此卜的結果（或用祭）會有禍害；「自不休」，即問占卜者本人或用此卜（或用祭）不會有禍害的意思。

　　本文釋朴為咎，於字形、讀音和用法都能言之成理，但仍有兩點未盡的地方：（1）休字既可用為咎，為何周原甲骨中又另有咎字？是由於一字多體的自然現象？抑或是屬於不同的詞性、不同的句型、不同時期的刻寫習慣，故有分書二形的區別？（2）古文字中朴、⺈用為災害意。然則，從人木或從人止的會意組合，與「災害」有何關連？《說文》：「咎，災也。從人各。各者，相違也。」然而，人的「相違」，與「災」意又有何關係？這恐非此字最初發生的原始意思。甲文中咎字的用法雖可下接文獻的用例，但上索茫茫，今後仍有待高明進一步解說。

註釋

1. 就上編〈周原甲骨文考釋〉一文統計。

2. 古文字增口形為繁飾，並不罕見。如啓，殷第一期卜辭作🔸〈粹633〉，第五期卜辭作🔸〈粹645〉。周，殷卜辭作🔸〈鐵36.1〉，周金文作🔸〈盂鼎〉。友，周原甲骨作🔸〈H11：259〉，又作🔸〈H11：21〉。

3. 古文字從口、從甘偏旁，常有混用的現象。如：魯作🔸〈井侯簋〉、作🔸〈井人鐘〉。否作🔸〈毛公厝鼎〉、作🔸〈中山王🔸鼎〉。

古作古〈牆盤〉、作古〈中山王**譽**壺〉。虩作**虎**〈善鼎〉、作**睍**〈伯**威**鼎〉。

4. 陳全方《周原與周文化》118 頁。上海人民出版社。1988 年 9 月版。

5. 徐錫臺《周原甲骨文綜述》，三秦出版社。1987 年 4 月版。

6. 殷卜辭中的咎字作**㕤**已有降災意。由以下諸辭例，見卜問上帝或先公先王是否降咎於時王、婦好、城邑等用法：

〈集 902 〉　　貞：不隹（惟）帝**㕤**王？

〈集 2252 〉　　貞：隹（惟）妣己**㕤**王**囚**（禍）？

　　　　　　　貞：不隹（惟）妣己**㕤**王？

〈集 2253 〉　　貞：父乙**㕤**王？

〈集 21542 〉　己巳卜，祖乙**㕤**？

　　　　　　　父辛**㕤**？

〈集 21666 〉　乙未卜，夢妣丁**㕤**？

　　　　　　　不**㕤**？

〈懷 1495 〉　　□寅卜，**☑**出（有）**㕤**在茲邑？

〈集 10049 〉　貞：**囚**隹**㕤**？

　　　　　　　貞：**囚**不隹**㕤**？

由上引的〈集 2252 〉、〈集 10049 〉，咎與禍字前後對文，更可以確證咎字的用意。

7. 上古音群母、曉母通用例，如：翹（g-）、曉（x-）；劬（g-）、煦呴**胸酗**（x-）；偈竭碣（g-）、歇蠍獢（x-）是。

第八章　周原甲骨辭例考釋三則

一、㘴乂正

　　辭例見於周原甲骨〈H11：1〉。陝西周原考古隊最初釋為「叀有足」（註1）、李學勤釋作「囟又正」（註2）、徐中舒和徐錫臺皆隸為「西又正」而釋義各異（註3）。諸家眾說紛紜，未為的論。

　　今歸納殷卜辭中㘴的用法有三：

（1）讀為西，用為方位詞。字與㘴形混同。卜辭中字與東、南、北諸方位詞並用。如：

〈粹 957 〉　　☑自東㘴北逐兕麋，亡戈？
〈集 32161 〉　己未卜，其剛羊十于㘴南？
〈乙 8687 〉　　叀㘴眾南不每？
〈人 3132 〉　　其圍㘴北？
〈佚 956 〉　　㘴方受禾？

（2）隸作囟，象頭形。與《說文》甶字篆文形同。《說文》：「甶，鬼頭也。象形。」卜辭有用本義，以方國的酋首用為祭品。如：

〈集 28092 〉　☑用危方㘴于妣庚，王賓？
〈集 28093 〉　羌方㘴其用，王受有佑？
〈屯 2538 〉　　其用茲☑祖丁冊羌㘴其眾？
〈集 1441 〉　　己未卜☑貞：㚔，彤㘴，㗊大甲？

（3）為㘴字省，即叀字。卜辭中用作發語詞，與惟同（註4）。殷卜辭多「叀又正」例，其中叀字與省作㘴者的周原甲骨二例（註5）相同。「又正」的句式，其前有增祭品名，如：

〈集 30710 〉　叀牢，又正？
〈集 30713 〉　叀牢，又正？
〈集 30713 〉　叀牛，又正？
〈集 27534 〉　貞：叀羊，又正？
〈集 30815 〉　卺五酋，又正？
〈集 29504 〉　白牛叀二，又正？
　　　　　　　白牛叀三，又正？大吉。

　　或有增祭儀名。如：

〈集 30812〉　𤔲乙未酌，又正？吉。

〈集 30674〉　𤔲茲冊用，又正？吉。

〈集 27589〉　王賓母戊，歲，又正？吉。

或有增祭祀的祖先名。如：

〈集 27534〉　弜于妣庚，又正？

〈集 27630〉　召兄辛，又正？

〈集 27595〉　丁酉卜，侑母己，又正？吉。

殷卜辭無數與祭祀有關的「又正」之辭，其前復多增設與征戰有關的官名或動詞。如：

〈集 28080〉　𤔲戍射又正？

〈集 29693〉　𤔲呼箙車又正？

〈集 29693〉　其肇馬又正？

〈集 31141〉　其射又正？

〈集 31144〉　彈又正？

〈屯 2443〉　其弘又正？

　　顯然「又正」的重要性，當與國之興亡有關。前人釋此為「有足」、為「大臣」，似與辭意都不相合。「國之大事，在祀與戎」，卜辭屢次祈求的「又正」，當讀如「有禎」。大抵祭祀鬼神和師旅征伐，必須先由國君占問禎祥，以冀鬼神降佑。說詳第四章〈釋正〉。

　　總結田字的用法，「田才正」即殷卜辭的「𤔲又正」，當釋為「惟有禎」。

二、𠭯音

　　辭例見於周原甲骨〈H11：26〉。徐錫臺、王宇信、陳全方諸家皆釋「既吉」，並無異說（註6）。唯細審殷卜辭的𠭯字，與既字（𣪘）形似而實異。

　　殷卜辭的即字象人就皀而食之形，引申有獻食於神之意。字作𨡠〈後上 24.2〉、作𨡓〈南明 548〉、省作𨡠〈甲 2806〉，又張口回向作𣪘。由辭例見𣪘、𨡠同字（註7）：

（1）〈明 688〉　☑貞：于𠭯日？二月。

　　　〈佚 266〉　☑貞：其𨡠日？

（2）〈海 1.13〉　☑貞：告𠭯屮于夒，于報甲？

〈鐵98.4〉　☑𦥑虫于母☑娥、禦婦？

(3)　〈存2.178〉　戊辰卜，強報甲眔河，我壴衛？

　　　〈粹3〉　　☑夒眔報甲其即？

(4)　〈佚146〉　癸巳貞：即夒于河于岳？

　　　〈寫19〉　　☑即夒報甲于唐？

(5)　〈佚695〉　☑卜，王勿☑即圍☑？

　　　〈掇2.29〉　☑即圍☑逎☑哉？

(6)　〈佚583〉　乙巳，即觀？

　　　〈人3076〉　戊寅卜，王即觀？

　　互較以上「即日」、「即虫于祖先」、「即諸祖先」、「即夒」、「即圍」、「即觀」諸辭例，足證即當讀為即字無訛。字與既字寫作即形的用法不同。即，在此引申有就、今意。即吉，即言當下的為吉兆，或用為兆語，其意與金文指「月相」的「初吉」恐無涉。

三、其役楚

　　辭例見於周原甲骨〈H11：4〉。徐錫臺謂：「役即微字，屬於方國名。」（註8）嚴一萍、陳全方、繆文遠諸氏均贊同此說（註9）。唯細審「其役楚」一辭例，仍有未安的地方。殷卜辭中，語詞「其」的後面從不接方國名，此可疑者一。「其」字後語法多接動詞，此刻文「其」字後承役、楚二字如皆屬名詞，則應省略動詞，此種用法極為罕見，於文意亦不可解，此可疑者二。

　　今按役字從長從攴，象人持杖驅策庶人，隸作敆。古文字從長從人通用，如甲文的鬥字作𩰋、又作鬥；無字作𣞤〈頌簋〉、又作𣞤〈鄅伯戈〉是。可證役字與伇、役類字同。伇、役釋為役，即役字（註10）。《說文》：「役，戍也。」古文作伇，從人。卜辭中役與征、征等字連用，有出戍意。如：

　　〈乙7310〉　甲子卜，㱿貞：疾，役不征？

　　　　　　　　貞：疾，役其征？

　　〈乙3429〉　☑呼从役征？

　　〈前6.4.1〉　☑貞：役，唯出不征？

卜辭復有言「王役」、「禦役」之辭例。禦，祀求也。由此可見殷人對「役」此一動作之重視。

　　〈集18272〉　☑王役☑？

　　〈集17939〉　丙子卜，𡥼貞：禦役？

周原甲骨的「其役楚」當釋作「其役楚」，謂周人出戍楚地。此配合周原〈H11：83〉一版的「曰：今秋楚子來」和《周易》的「高

宗伐荆楚」來看，楚族於殷商已成為征伐的對象，及至周初才降於周民族。

　　透過以上三則古文字的考訂，讓我們了解認識中國文字的方法：

1、猜測。根據直覺、經驗繫聯文字的異同。這種方法最直接，也最危險。因為形近的字體甚多，吾人無絕對把握只憑字形相類而比附字與字間的關係。考字要靠靈光的啓發，主觀的猜測固然是一種大膽假設，可以提供方向性的參考，但更需要堅實材料的反覆驗證，才能掌握正確的認識。

2、字根。由文字的演變，如增省、同化、異化、缺劃、假借等來推論字與字間可能存在的關係。主要是字形和讀音兩方面的論證。

3、文例。歸納文字在同一時期的不同用法，然後就上下文意、語法加以理解該字的意義。考釋文字必須要落實在文義的解讀，任何文字的考訂都需要通過這一考驗，才算合格。

4、點線對比。吾人先譜出一條文字常態演變的線，然後作文字點線的對比觀察，檢視出該未知的點在線上的定位，從而確認該點的真正意義。

5、印證古書。將考訂的字形檢驗文獻的用例。文獻和地下材料的互較，即相當王國維先生的二重証據法。

　　吾人如能充分掌握以上諸項客觀條例的認識，對於古文字的了解誠然有較大的收穫。

註釋

1.陝西周原考古隊〈陝西岐山鳳雛村發現周初甲骨文〉：「毕有足，指祭祀所用之牲頭足齊全。」文見《文物》1979年10期。

2.李學勤〈周原卜辭選釋〉：「囟又正，讀為斯又正。」文見《古文字研究》第四輯。

3.徐中舒〈周原甲骨初論〉：「西又正，指周大臣。」文見《四川大學學報叢刊》第十輯。1982年5月。徐錫臺《周原甲骨文綜述》13頁：「西又正即惟有正，見《周書.立政》：『惟正是又之』。」三秦出版社。1987年4月。

4.嚴一萍〈周原甲骨〉認為「釋毕甚是，即契文之𡿨而省其𠤎也。」文見《中國文字》新一號。1980年3月。藝文出版社。徐錫臺《周原甲骨文綜述》59頁亦釋田為惟：「西與思為同一音韻，假西為思。思，惟也。西正即佳正。佳與惟同聲，可通假。」然徐説釋

讀過於轉折，未若嚴説簡明。

5. 例見周原甲骨〈 H11：1 〉、〈 H11：84 〉。

6. 徐錫臺《周原甲骨文綜述》 44 頁、王宇信《西周甲骨探論》 82 頁、陳全方《周原與周文化》 113 頁皆隸作「既吉」。

7. 參拙稿《殷墟甲骨文字通釋稿》 46~48 頁。文史哲出版社。 1989 年 12 月。

8. 文見徐著《周原甲骨文綜述》 15 頁。

9. 諸氏説見王宇信《西周甲骨探論》 51~53 頁。諸家咸認為敫為巴蜀方國，或在陝西郿縣。

10. 説見拙稿《殷墟甲骨文字通釋稿》 17 頁。 1992 年 8 月北京師範大學舉辦的海峽兩岸漢字研討會中，裘錫圭先生曾就本文復引史墻盤的「𢦏伐夷童」，提出𢦏字或即懲罰之懲字，宜備一説。唯史墻盤的「𢦏伐」一詞實亦可釋作「長伐」，「長」字的用法與該盤銘上文的「永不攻狄𧆪」的「永攻」一詞前後正屬對文。𢦏釋為長，於文意亦甚通順。

第九章　釋奴

一、「禦𣥠二女」考辨

　　陝西周原出土了大量的早周甲骨，為殷周文化的研究提供了全新的線索。其中的〈H11：1〉作：「癸子（巳）彝文武帝乙宗，貞：王其邵（昭）祭成唐（湯）𤞷，禦（禦）奴二女，其彝血𦲷三、豚三，叀又（有）正（禎）？」其中有一𣥠字。徐錫臺先生、王宇信先生的釋文皆隸作𦣹（註1）。

　　徐錫臺：「𦣹，為服字。……《說文》：『𦣹，治也』；《爾雅.釋言》：『服，整也』。按：服字，治也、整也、順也。二女，徐中舒先生謂：『二母，成唐的兩個配偶』，可從。」

　　王宇信：「按《說文》云：『𦣹，治也』。文獻多作服。在這裡𦣹也應讀為服，訓為用、事。H11本辭與我方鼎銘都是說由「二女」參與祀典。所謂「𦣹二女」，即禦祀由「二女」執事。」

　　本片卜甲的「禦𣥠二女」，徐先生言「𣥠二女」為禦祭的對象：先王的兩個順服配妃；王先生則謂「𣥠二女」是指主事禦祭的二女。然而，細考禦、𣥠二字的用法，徐、王二說皆有可商。以下就分七點說明。

　　卲，即禦，為殷卜辭中常見的祭儀。殷甲骨第一、二期作𤕦，第三、四期作𤕦、𤕦、𤕦，第五期作𤕦。禦字句的完整結構是：「禦某于某先王先妣祭品」，其句型即相當於：

　　V+OB/OC+于+OA/OS

禦字句式的符號說明：

　　OB：受佑賓語（Object－the blessed）。指禦祭的受佑者，
　　　　例如：王、婦好。

　　OC：事由賓語（Object－Cause）。指舉行禦祭的原因，例如：
　　　　疾病、降雨。

　　OA：祭祀賓語（Object－Ancestor）。指禦祭中祭祀的神靈，
　　　　例如：祖乙、父甲、母庚。

　　OS：祭牲賓語（Object－Sacrifice）。指祭祀的用牲，例如：
　　　　牛、宰、豕、南。

如：

　　〈集22077〉　壬辰卜，卲母辛于妣乙豕？

　　〈集3009〉　　□戌卜，□卲子央于母己三小宰？

　　〈集729〉　　貞：卲子漁于父乙有一伐卯宰？

　　〈集271〉　　己卯卜，𣪊貞：卲婦好于父乙，宜羊𡥛豕、䵣十宰？

分析上述御字句式中的詞性，其中「御某」的「某」都是指禦祭求神靈降佑的對象，屬於受佑賓語。此與「御王禍」、「御疾腹」、「御疾齒」、「御肱」、「御年」、「御雨」、「御獲獸」等句型相較（註 2），可見御字之後陳述的賓語分別是冀求受佑的人或事，而並非如王宇信先生釋文所說的主持「禦祭的執事者」。此其一。

御字句有省略「介賓語」，而呈現下面的兩種形式：

（1）　V＋OB
（2）　V＋OB＋OS

例如：

（1）　〈集 2621 〉　貞：御婦好？
　　　　〈集 33299 〉　辛未貞：今翌御王？
（2）　〈集 2941 〉　貞：御子商小牢，用？

御字句亦有省略求佑的對象：OB 及 OC，而成為以下的三類動賓語句式：

（1）　V＋于＋OA
（2）　V＋OA
（3）　V＋OA＋OS

例如：

（1）　〈集 1576 〉　貞：御于祖乙？
　　　　〈集 2354 〉　戊午卜，□貞：御于高妣己？
　　　　〈集 2559 〉　貞：御于母庚？
　　　　〈集 10594 〉　戊寅卜，賓貞：御于父乙？
　　　　〈集 22074 〉　甲午卜，御于入乙？
（2）　〈集 943 〉　御父乙？
　　　　〈集 1797 〉　御羌甲？
（3）　〈集 31993 〉　御祖癸豕，祖乙豕，祖戊豕？
　　　　〈集 32729 〉　御父乙羊，御母壬五豚，兄乙犬？

然而，以上諸辭中無論是「御某」的「某」及「御于某先王或先妣」的「某先王或先妣」，均屬於特指單個的專有名詞，罕有例外（註 3），是知徐錫臺先生釋文謂〈H11：1〉中「禦㚇二女」的「㚇二女」為御祭的對象，實有可商。此其二。

殷墟卜辭多在御字之後緊接祭牲例，成「V＋OS」的句型結構。例如：

〈集 22426 〉　癸巳卜，用？庚申御牢？
〈集 22294 〉　丁巳卜，御三牢妣庚？
〈集 21247 〉　□酚，御百牢，盟三牢？
〈集 20980 〉　□御十牢？
〈集 19844 〉　□酚祖乙，御十牛？五月。

132

〈集 14729〉　卯犬于娥？

〈集 8007〉　　其卯羊、豕？

〈集 272〉　　　貞：王疾，祖☒　余禦豕惟十？

〈集 795〉　　　貞：其卯𤞤？

〈集 22211〉　己丑卜，☒卯馬妣己？

禦祭牲畜包括牢、𡵷、牛、犬、豕、𤞤、馬等，且間附列用牲的數目，其句型與本版周原甲骨的「禦𡉚二女」正同。是知「𡉚二女」可以理解為卯字句中的祭牲賓語。此其三。

卜辭中的𡉚字有與牛、羊、豕、𡵷、女、南（毅）諸牲同辭並列，作為獻祭的貢品。例如：

〈懷 1378〉　　其𡉚妣庚，叀☒？（𡉚字為「卯奴」二字合文）

〈集 22047〉　于祖庚卯余女、𡵷又𡉚？

　　　　　　　于祖戊卯余羊、豕、𡉚？

〈集 702〉　　　☒習父乙十𡉚、十𡵷、南十？

〈集 723〉　　　乙☒卜，旹貞：卯于妣庚，習𡖛屮十牛？

是知𡉚的用法與其他祭牲性質相同。此其四。

祭牲除屬生畜外，亦有用人祭。卜辭有禦祭外族人牲之例。如：

〈集 6616〉　　丙辰卜，般貞：卯羌于河？

〈集 22615〉　庚申卜，☒貞：翌辛☒卯伐、𡉚☒？

羌，為殷西外族；伐，示殺人以祭。互較辭例，是知「禦𡉚二女」當亦為祭祀人牲之意。此其五。

卜辭中復有「習𡉚」、「屮𡉚」、「用𡉚」、「酌𡉚」、「烄方𡉚」諸辭例，習、屮、用、酌、烄等皆祭祀動詞，下接祭牲。此可為𡉚字用作人牲的鐵證（註4）。「禦𡉚二女」即用𡉚這種人牲禦祭，其用數是二，其性別是女。此其六。

卜辭中的𡉚字既用作人牲，前輩學者釋此為艮，以「順服」意或「用事」意釋之，顯然與此字在卜辭的用法全不類。此其七。

總上所論，𡉚字無論釋為受佑的對象或主事祭祀者，均不可通。

二、論卜辭中的奴

𡉚字早見於殷墟卜辭，自羅振玉《增訂殷墟文字考釋》中59頁下始釋艮，其後楊樹達、商承祚、金祖同、李孝定，以至孫海波的《甲骨文編》、金祥恆先生的《續甲骨文編》，諸家沿襲，皆無異說（註5）。唯釋艮意實不能通讀卜辭，上文亦已論及。𡉚字與後來《說文》所收的艮字形雖接近而實非一字，彼此音義亦無涉，宜加以區別。余於《殷墟甲骨文字通釋稿》59頁就𡉚的字形和字用，

133

改釋為奴隸的奴字，説與前輩稍異。今就拙稿羅列 [字]、[字]、[字]、[字]、[字]、[字]、[字]諸奴字異體，匯成一編，以就敎於方家。

　　[字]，象手從後執人，人膝跪從之。字與後之[字]字無涉，宜隸為奴。字從卪從女可通。如媵作[字]〈甲 2239〉，又作[字]〈鐵 182.3〉是。古文奴亦從人。《説文》：「奴，奴婢皆古之罪人也。周禮曰：『其奴男子入于罪隸，女子入于舂藁。從女從又。』」古代不獨以罪人為奴，亦有以俘虜為奴。《呂氏春秋》〈開春篇〉：「叔嚮為之奴而朡。」注：「奴，俘囚為奴。」殷有用人牲之祭，奴隸為其主要的來源，此習一直沿用至春秋以後（註 6）。卜辭言獲奴的方法有：「狩奴」、「禽（擒）奴」、「圍奴」、「窜（阱）奴」、「執奴」、「省奴」諸種，可見奴多為外邦的俘虜。例如：

　　〈合 392〉　　己亥卜，不雨，狩[字]奴？

　　〈乙 143〉　　庚戌卜，今日狩，不其禽奴？十一月。

　　〈集 19780〉　丙辰卜，丁巳其禽奴？允禽。

　　〈乙 151〉　　戊申卜，方[字]自南，其圍奴？

　　〈續 3.45.8〉　壬申卜，令從窜奴？六月。

　　〈甲 225〉　　☑唯☑不執奴？九月。

　　〈屯 2240〉　　丁丑卜，余采省奴？

殷人言奴與執異，使用上亦有分別。

　　〈存 2.268〉　　用執？用奴？

　　〈集 800〉　　壬午☑爭貞：其來奴？不其來執？四月。

　　〈集 19779〉　☑貞：☑弗克以奴？其克以執？三月。

　　〈集 19789〉　丙午卜，王☑其以執、奴？

卜辭言用祭、來貢時分別卜問宜用執或奴。執、奴又有見於同一卜辭，同屬祭牲。前者象人受枷鎖之形，當為罪犯；後者示人受抑壓，又由「狩奴」、「禽奴」、「圍奴」等辭例觀察，奴當是外族遭殷人擒服者。執為囚犯，奴為俘虜。由卜辭占問「某侯奴」、「某方奴」被拘繫圍捕，又言「涉三羌」而「獲奴」，更足證奴的主要來源是外邦俘虜，為殷人擒服後從事賤役，並淪為祭牲。近人有以「奴」、「執」為語尾詞的用法，審諸文例和上下文，實大誤。一條卜辭下應用兩個不同的語尾詞，在情理上都是無法理解的。

　　〈集 21586〉　丙寅卜，我貞：呼奴取射麋？

　　〈集 22590〉　庚子卜，出貞：令奴☑允☑。

　　〈撫續 293〉　☑侯奴執？

　　〈集 20411〉　癸酉卜，貞：方其圍，今夕奴不執？余曰：方
　　　　　　　　　其圍，允不☑。

　　〈南南 1.59〉　癸酉卜，王貞：自今癸酉至于乙酉，邑人其見

134

方奴，不其見方執？一月。

〈集 20447〉 癸卯卜，王缶☒ 蔑圍戈，執弗其羌奴？三日丙☒。

〈合 380〉 ☒ 涉三羌，即，獲奴？

殷代的奴乃是男女奴僕的統稱，常用為人牲。卜辭言「彫奴」、「屮奴」、「用奴」、「冊奴」以祭神靈。用奴數一次有多達十人。如：

〈集 717〉 彫奴、卯窜、卯一牛？

〈乙 6232〉 屮奴于妣庚？

〈集 698〉 貞：曹妣庚十奴、卯十窜？

〈乙 8723〉 丁酉卜，來庚用十奴？

〈佚 118〉 ☒曹奴一人？

☒曹奴二人？

「奴」的單位為人。卜辭言用「奴幾人」，又有單言「幾人」。如：

〈新 4133〉 車五人用？

〈南明 635〉 祝，二人，王受又？

卜辭中專指獨用女奴祭祀，則曰：「奴女若干」、「奴若干女」。如：

〈合 437〉 ☒貞：☒豕曹小窜屮奴女一于母丙？

〈前 5.44.1〉 ☒子卜，車乾卅、牛三、奴女☒？

〈集 728〉 ☒卜，爭，子武于母曳豕、小窜屮奴女一？

〈粹 720〉 戊辰卜，又奴：妣己一女、妣庚一女？

由上一辭用奴祭而曰：「妣己一女，妣庚一女」，是知奴的用法乃奴役的泛稱，如僅指女奴則曰「女」、曰「奴女」。卜辭亦偶有稱呼奴女的專名。如：

〈乙 4677〉 妣戊：嬢

妣戊：婭

妣戊：㛥

妣辛：奴

妣辛：孈

妣乙：婭

妣癸：媼

母庚：獿

母庚：獿

母庚：三牢

根據同版的「母庚：獿？母庚：三牢？」用例來推斷，此辭中的嬢婭……等從女偏旁的名詞都應當是女性祭牲，分別作為進貢與先妣先母的專用貢品。互較卜辭習見的用外族女子炆祭、烄祭例（註 7），是知〈乙 4677〉的母妣後皆屬外族女奴的專稱。

135

卜辭中有妾字作🔲，《說文》：「妾，有罪女子。」字亦用作人牲，其意當亦為女奴；卜辭中與牝、牞、牝等母牲同列。如：

〈佚 99 〉　🔲貞：來庚戌屮于示壬：妾，姚庚：牝、牞、牝？

〈鐵 206.2 〉　屮于王亥：妾？

〈乙 2729 〉　屮妾于姚己？

殷人祭祀先公先妣，每多以奴與牛、羊、豕、禾黍合祭。於此益見殷時奴隸的卑賤，其地位與牲畜無異。

〈乙 2491 〉　🔲貞：勿嘗姚庚：奴、黍、卅小宰？

〈乙 5397 〉　🔲三奴屮于二牛？

〈乙 4521 〉　癸未卜，卯余于祖庚：羊、豕、奴？

〈集 22130 〉　丁巳卜，奴、宰：姚庚？

三、論奴的異體

卜辭中的奴作🔲字與🔲、🔲、🔲、🔲、🔲、🔲諸形同字。吾人除由字形的增繁、省簡、重疊和偏旁的通用加以了解諸字的關係外，亦可由辭例互較得證。

🔲，從二奴，示眾奴。隸作奻。《說文》無字。互較下二辭例，見奻、奴同字，其用意皆屬人牲。

〈丙 50 〉　癸未卜，𫝑貞：王屮奻，若？

〈人 3044 〉　己巳卜，王屮🔲，司以🔲？

🔲，象二人跪形，隸作卯。字是🔲的省體。由下列三組辭例互較，見亦為奴字。

(1)　〈存 2.582 〉　壬🔲貞：其至十宰，又二🔲，姚庚用牛一？

　　〈乙 8710 〉　丁酉卜，來庚用十🔲、宰？

(2)　〈乙 2210 〉　🔲貞：🔲其屮嘗？

　　〈合 437 〉　🔲貞：🔲羴，嘗小宰屮🔲女一于母丙？

(3)　〈乙 4998 〉　🔲貞：🔲🔲伐🔲？

　　〈乙 4900 〉　🔲🔲🔲伐屮宰？

🔲，示眾奴，亦奴字異體。由下二辭例證🔲、🔲上下、左右重疊無別。

〈乙 3108 〉　丁亥卜，𫝑貞：呼🔲從韋取逆臣？

〈遺 23 〉　🔲勿呼取🔲？

🔲，從手抑人，亦隸作奴，所從手前後無別。由下列「省奴」、「以奴」、「方奴」、「呼奴」四組辭例亦見🔲、🔲同字。

(1)　〈集 21534 〉　甲戌子卜，我唯🔲省🔲？

　　　〈屯 2240 〉　丁丑卜，余采省🔲？

(2)　〈集 19789 〉　丙午卜，王🔲其以執、🔲？

136

〈集 4499〉　　丁亥卜，䐁貞：𠂤以有征？上吉。

（3）　〈集 789〉　　其見方𠈽？不其見方執？一月。

　　　　〈屯 1059〉　　丁亥貞：王其焱方𠈽，呼卩史？

（4）　〈集 21586〉　　丙寅卜，我貞：呼𡚶取射麋？

　　　　〈集 634〉　　丁亥卜，䐁貞：呼𣄼從韋取逆臣？

𡚶，從卩從妾，隸作𡚶。亦奴字異體。金祥恆先生曾撰〈釋仾
𢔟〉一文，謂：「從人從女，即說文奴之古文。」（註 8）𡚶當
為奴、妾的合文，乃男女奴僕的統稱。由下列辭例亦見𡚶、奴同字。

（1）　〈佚 897〉　　戊寅卜，又妣庚五𡚶、十牢，不用？

　　　　〈南明 94〉　　丙辰卜，又𡚶十高妣丙？

（2）　〈粹 380〉　　王其又母戊一𡚶？

　　　　〈合 437〉　　☑貞：☑刿𤔔小宰出奴女一于母丙？

（3）　〈集 32161〉　　丁巳卜，其叀于河：牢、沉、𡚶？

　　　　〈集 710〉　　貞：叀于高妣己，出南，冊三奴、𤔔、卯宰？

𢔟，從妾從又，隸作𢔟；亦奴字。從妾從女通用。由辭例亦證同
字。

　　　　〈合 303〉　　貞：出伐、𢔟☑？

　　　　〈乙 4900〉　　☑𣄼☑伐出宰？

歸納以上辭例的互較，見𠈽、𣄼、𡚶、𢔟、𣄼、𡚶、𢔟諸字同屬奴
字的異體。

註釋

1、參徐錫臺先生《周原甲骨文綜述》第二章〈周原甲骨文考釋〉
　　11 頁。三秦出版社；王宇信先生《西周甲骨探論》第二篇〈西
　　周甲骨彙釋〉47 頁。中國社會科學出版社。

2、卩某事的事由賓語例：

　　〈集 1795〉　　☑貞：卩王禍于羌甲？

　　〈集 13668〉　　貞：卩疾腹于父乙？

　　〈集 13653〉　　癸丑卜，亙貞：疾齒卩于示☑？

　　〈集 13663〉　　貞：勿于甲卩婦好🔲？

　　〈集 1772〉　　勿卩肱？

　　〈英 788〉　　戊子卜，貞：卩年于上甲？五月。

　　〈集 22384〉　　戊申其雨卩？

　　〈屯 2254〉　　☑卩有雨？

　　〈屯 2713〉　　卩雨小？

　　〈懷 1865〉　　辛丑卜，貞：☑往來無☑卩獲☑？

3、卩祭的對象均屬先王或先妣的專名，例外的只有兩條，且都是具

介詞的「𤰇于某」的常例：

〈集 930 〉　　貞：𤰇于三父：三伐？

〈集 27559 〉　于多母禦？

4、卜辭中「替奴」、「屮奴」、「用奴」、「酚奴」、「焚方奴」
的例子，詳參《殷墟甲骨刻辭類纂》上冊 156 頁。如：

〈集 723 〉　　乙☐卜，㕥貞：𤰇于妣庚，替奴屮十牛？

〈集 700 〉　　屮于妣庚十奴？

〈集 19775 〉　丁卯卜，用奴？今丁于兄己？

〈集 22144 〉　乙巳貞：酚奴妣庚？

〈屯 1059 〉　　丁亥貞：王其焚方奴，呼𤰇史？

5、參李孝定《甲骨文字集釋》第三 923 - 925 頁。

6、《左傳》僖公十九年記宋襄公使邾文公用鄫子祭一事：「夏，宋
公使邾文公用鄫子於次睢之社。」

7、卜辭中焚祭、奉祭用外族女子例：

〈乙 3449 〉　　貞：今丙戌焚妍，屮從雨？

〈前 6.27.1 〉　甲申卜，賓貞：焚婵？

〈存 1.886 〉　　戊申卜，其焚䄉女，雨？

〈庫 1716 〉　　其奉妣癸：娛、妣甲：孃，叀☐？

8、文參《中國文字》12 冊。1963 年 6 月版。復見《金祥恆先生全
集》第三冊 1157 頁 - 1167 頁。藝文印書館。

138

第十章　論周原甲骨的卦畫

周原甲骨刻有奇偶數排列的特殊現象，有以下九版（註1）：

〈H11：7〉　　八七八、七八五

〈H11：81〉　　七六六、七六六

〈H11：85〉　　七六六、七一八，曰：其☒。

〈H11：90〉　　☒六六、七七一

〈H11：91〉　　六六七、七六□

〈H11：177〉　　七六六、六七六

〈H11：180〉　　一五☒

〈H11：235〉　　☒、六六十

〈H11：263〉　　☒七、六六□

這些甲骨的釋讀一直都沒辦法解決，1978年中科院歷史所張政烺先生首先提出這六個奇偶數的並列，與周易重卦六爻有關的說法（註2）。根據文獻的記錄，古人占問的方式是先筮而後卜（註3）。筮是根據若干根蓍草的離合演算，就其最後所剩餘的數目確定屬於單雙及陰陽。六次離合的推算結果構成一完整的六爻卦畫。史官先用蓍草推演的卦畫斷事的吉凶，然後卜者把占蓍的卦畫刻在龜版上，再灼龜視坼以互驗卜筮的吉凶。這種奇偶數排列的方式最早見於殷墟的甲骨上。〈集29047〉一版殷第三期卜辭，在辭例「于喪，亡戈？吉」旁邊刻有數字「六七七六」，這可以理解為殷人用筮的方式，配合卜兆來占問「往於喪地」一事的吉凶。河南四盤磨一版晚商甲骨，刻有「七五七、六六六：曰𠃌」（註4），其形式與周原甲骨的〈H11:85〉大致相同。「𠃌」可能相當於「七五七、六六六」一卦畫的代號或內容。觀察以上兩條辭例，甲骨上刻寫的數字組合，與卜辭卜問的內容可能有相對應的關係。張政烺先生的推論是值得思索的。由此看來，用蓍草占算構成重爻的方式，早在殷商時期已經流通，前人如司馬遷〈太史公自序〉、班固《漢書.藝文志》謂文王發明重卦一說，恐是不能成立的。然而這些數字如何演變為陰陽，並賦予哲學體系？目前仍是沒有足夠的實證來推尋。

就現在所能看到的材料分析，殷人應用奇偶數字的組合是先由三數開始。殷第一期卜辭的〈集9268〉有「五五六」，第三期卜辭的〈集29074〉有「六七七六」、〈屯4352〉有「八七六五」，上引四盤磨晚商甲骨有「七五七六六六」、殷墟陶簋有「六六七六七一」（註5）、山東晚商陶器有「一八八六一一」（註6）。由以

上諸例，可見殷人的卦畫組合是由第一期武丁時期的三數，過渡至第三期康丁時期的四數，以迄晚商帝辛時期的六數。周金文中多見固定的六數組合，如〈中方鼎〉的「七八六六六六」、〈召卣〉的「一一六八一六」，正可推知殷周民族在應用這些卦畫形式上是一脈相承的。

至於殷人卦畫所使用的數目字，早期是「五、六、七、八」的二奇二偶，發展至晚殷時期增為「一、五、六、七、八」三奇二偶的五個數字。周原甲骨的卦畫是六數一組，明顯的承接殷甲骨中的用法。〈H11：81〉一版的「七六六、七六六」，前三數後三數對等，而且其中的「七」、「六」合文，正可以證明六個奇偶數中是三數成一小組，上下相對。周原的卦畫數目字包括：「一、五、六、七、八、十」的三奇三偶。「十」一數只見於〈H11：235〉，可惜是孤證。如果這條材料無誤，可證商周民族的筮法，既是同源，復有開創。四川理蕃縣秦墓葬出土的陶罐，有用「十」的成組數字，作「一六十」，袁仲一《秦代陶文》98頁有陶文作「十十八」；與周原甲骨卦畫出現十字的用法正可銜接。

上引九版周原甲骨奇偶數的數目字，共出現42次。六個數字出現的機率分別為：

一	3次	7.1%
五	2次	4.7%
六	19次	45.2%
七	13次	30.9%
八	4次	9.5%
十	1次	2.3%

奇數總出現18次，偶數總出現24次，二者差距不大，其中又以「六」、「七」一奇一偶出現的次數最頻密。周原甲骨的占筮是用幾根蓍草來演算？是否已用挂一揲四的方式？如何推演才會出現三奇三偶的六個可能？「一、五、七」和「六、八、十」間的差別是如何衍生的？如何推算才會有「十」的餘數？目前仍是不可考知。如單純據《易·繫辭》的雙、單數即相當於陰（--）、陽（—）爻來推敲，周原〈H11：7〉的「八七八、七八五」即《周易》的䷾，坎上離下，水在火上的既濟卦。〈H11：81〉的「七六六、七六六」即䷳，艮上艮下，上下皆山的艮卦。〈H11：85〉的「七六六、七一八」即䷑，艮上巽下，山下有風的蠱卦。〈H11：90〉的「□六六、七七一」，有兩個可能：或即䷙，艮上乾下，天在山中的大畜卦；或即䷊，坤上乾下，天地交泰的泰卦。〈H11：91〉的「六六七、七六□」，有兩個可能：或即䷶，震上離下，雷火皆至的豐卦；或即䷽，震上艮下，山上有雷的小過卦。〈H11：177〉的「七六六、六七六」，

即☲，艮上坎下，山下出泉的蒙卦。這樣的對應是否可靠，仍有待日後地下材料的驗證。然而，吾人據周原三奇三偶的數字組合觀察，其用法應不具如《左傳》、《國語》等古書所記載的老陰變陽、老陽變陰的卦變現象。

　　晚周以後，因為占筮演算方法的趨於固定，「大衍之數五十，其用四十有九。分而為二，以象兩」，著草的餘數才變為「六、七、八、九」四個機率，而成為〈繫辭〉以降的占筮之法。

註釋

1.據上編〈周原甲骨文考釋〉整理。

2.1978 年 12 月吉林大學的古文字學會議，張先生首先提出這些卜甲的數字和易八卦有關，其後撰有〈試釋周初青銅器銘文中的易卦〉，《考古學報》 1980 年 4 期；〈帛書六卜四卦跋〉，《文物》 1984 年 5 期；〈殷墟甲骨文字中所見的一種筮卦〉，《文史》 1985 年 24 期。

3.《周禮.宗伯》筮人：凡國之大事，先筮而後卜。

4.參〈1950 春殷墟發掘報告〉圖版 41.1。《中國考古學報》第五冊。

5.引自張亞初、劉雨〈從商周八卦數字符號談筮法的幾個問題〉，《考古》 1981 年 2 期。

6.〈山東平陰縣朱家橋殷代遺址〉93 頁圖九之八。《考古》 1961 年 2 期。

第十一章　殷周甲骨中其字用法探微

　　其字普遍見用於殷周甲骨中，它的本義為箕，卜辭中多作為副詞。殷第一、二、三、四期甲骨都作 ㄅ，第四、五期則有作 ㄅ。周原甲骨亦作 ㄅ，與晚殷文字相同。陳夢家先生謂：「卜辭中的其字多用作疑惑不定之意，和西周以後之多用作指示詞者不同。」（註1）周法高先生也認為「其在甲骨文、金文中多用作語氣詞（如「其雨」、「不其雨」等）。其字第三身領位的用法也是代替『厥』字的，其盛行也是較後的事（西周以後）。」（註2）他們的論據主要是由「其雨」和「雨」分用於同條卜辭的貞辭和驗辭來觀察，以為「驗辭是事實的記錄，故無論下雨或不雨，其語氣都是肯定的」，相對的，貞辭是問句，用「其字加重的表示未來疑惑的語氣」（註3）。近人普遍都認同陳氏的說法，以其字作為一表示期望的、未來的加重語氣副詞。

　　然而，卜辭中貞辭部份大量使用「主語—其—動詞」和「主語—動詞」的相對應句型，讓我們不得不懷疑句中用「其」與否的差異性，是否只是單純語氣上的不一致？在文字刻寫困難的當日，為何需要在句中屢次增添此一毫無實質意義的語詞？抑或是殷卜辭中其字的用法另有特殊的意義？這方面顯然值得吾人進一步去思考。

　　首先，觀察以下多組辭例。卜辭中用不用「其」字，對於句子本身並無任何差異。

			斷代
1.	〈集24238〉	乙酉卜，行貞：王步自萬于大，亡災？在十二月。	二期
	〈集24248〉	癸丑卜，行貞：王其步自良於封，亡災？	二期.
2.	〈集210〉	辛亥卜，骰貞：王入？	一期
	〈懷902〉	貞：王其入，勿祝於下乙？	一期
3.	〈集36687〉	壬申卜貞：王迭于召，往來無災？	五期
	〈集36739〉	丁巳卜貞：今☒王其迭于喪，不邁雨？	五期
4.	〈集5128〉	貞：王去來于敦？	一期
	〈英30〉	貞：王其去來，告于祖乙，其　禍？	一期
5.	〈集2362〉	庚子卜，骰貞：王屮祊于高妣己？	一期
	〈集3312〉	貞：王其屮？	一期
6.	〈集29344〉	☒王田，湄日亡災，擒？	二期
	〈集28566〉	王其田藏，湄日亡戈？	二期
7.	〈集3380〉	貞：王比易伯姦？	一期
	〈英2326〉	王其比虎師，虫辛？	三期
8.	〈英723〉	□未卜，賓貞：王往于敦？	一期
	〈集28904〉	王其往田于阤？	三期
9.	〈英2294〉	虫王射兮鹿，亡戈，擒？	三期

	〈英 2566〉	丙午卜在品貞：王其射柳，衣逐，亡災，擒？	五期
10.	〈集 36361〉	丁未卜貞：王省，往來亡災？	五期
	〈懷 1456〉	☑王其省舟☑？	三期
11.	〈集 27083〉	三匸二示卯，王敥于之若，又征？	三期
	〈集 23357〉	庚戌卜，旅貞：妣庚歲，王其敥？在一月。	二期
12.	〈集 24956〉	甲辰卜，出貞：王疾首，亡征？	二期
	〈集 456〉	貞：王其疾目？	一期

　　互較以上「王步」、「王其步」，「王入」、「王其入」等貞辭的用法，除了「其」字的有無外，彼此的句型基本上並沒有任何分別，因此無從判斷它們之間的不同。而且，貞辭既屬問句，本用以向鬼神卜問未來人事的兇吉，是故「王步」、「王入」等句式雖然沒有增加一「其」字，可是它們的句意實在已經含有疑惑不定的詢問語氣了。然則，卜辭中不用「其」字的分別究竟是什麼？

　　吾人再觀察上引「王─動詞」、「王─其─動詞」的斷代分期，兩者早在第一期卜辭中已同時出現，而且又分別先後見用於不同期的卜辭。是以，它們用法上的差異並非是時間上出現早晚的問題，而應該由並行的對比關係來探求。趙誠先生曾互核「王其田」、「王田」辭例，謂「這兩條辭例一樣，文意相同，但是一用了『其』，一不用『其』，可見『其』表示將要的作用已經衰弱，所以可以省去不用。」（註4）然而，如果僅由此例判斷其字句的演變，是由「主語─其─動詞」省略為「主語─動詞」，似乎未為的論。

　　卜辭中大量「王─其─動詞」辭例，其字和主語王字的密切連用，復讓我們懷疑「其」字可能為殷周時王者的專有副詞，它的用法與肯定語氣的「叀」字出現在殷王卜辭的句首相當。（註5）然而，吾人試舉下列的辭例，馬上又否定了此一擬測，「其」字似乎又並非是屬於殷王所專有的用法，其他的外族、氣象類卜辭亦有「其─動詞」和「動詞」的對應句型。如：

			斷代
1.	〈集 5445〉	貞：王曰：呂來？	一期
	〈英 555〉	貞：呂方其來，王逆伐？	一期
2.	〈集 8767〉	甲☑唐☑方自西來？	一期
	〈集 6729〉	戊子卜，方其來？	一期
3.	〈集 33052〉	甲申于河告方來？	四期
	〈集 33055〉	丙子卜，其告方來于祊：一牛？	四期
4.	〈集 12359〉	庚寅卜，翌辛丑雨霍？	一期
	〈集 12817〉	貞：與其霍？	一期
5.	〈集 12314〉	自今五日不雨？	一期
	〈集 12316〉	自今五日不其雨？	一期

是以，吾人不能就是否為帝王專用語詞的角度來看「其」字的用法。

過去陳夢家先生曾由貞辭、驗辭的互較，推論「其」字有強調將要，表示未來的語氣。那麼，吾人能否就時間的遠近，直接判斷貞辭中「其」字有無的差異？如以下以「雨」字句為例，時間都是指最近一兩天的直接用「雨」，如果是泛指將來的事情則用「其雨」。

〈集 12424〉　貞：翌日庚辰不雨？庚辰星，大采☒。

〈集 24665〉　癸未卜，行貞：今日至于翌甲申不雨？

〈集 12314〉　貞：自今五日不雨？

〈集 12507〉　貞：今二月不其雨？

〈集 12648〉　己未卜，㱿貞：今十三月不其雨？

可是，由下列「今日」、「茲旬」緊接著「其雨」的用法，顯然又推翻了上述所謂「動詞」、「其—動詞」的差異可能是在於貞問內容時間上遠近不同的擬測。

〈集 14469〉　王固曰：其雨，惟今日。

〈集 20924〉　壬午卜，自今日至甲申日其雨？一月。

〈英 1038〉　貞：茲旬其雨？

　　總括上述諸例，其字在卜辭的用法並無斷代分期的先後意義，亦非帝王的專用副詞，也不一定有未來的含意。它在句中顯然並沒有實意的功能。吾人苦苦糾纏在卜辭的用意間，不得其果，遂不得不跳出地下材料，反思其字在古文獻中普遍作為代詞的用法。希望由字用演變的線給予吾人另一個啟示，「其」字既然並無實質意義，那麼，它的出現是否可以理解為殷代句法中詞性的轉變呢？我們的答案是肯定的。「其」的功能是由一副詞逐漸轉而為兼具代詞的性質。互較卜辭中常態和特殊句例，其字句的句式有：

1. 主語—其—動詞　⇒　其—動詞

2. 主語—動詞　⇒　其—動詞

的演變過程。前一其字句是省略，後一其字句則屬更代。其字的用法顯然是由副詞過渡為代表主語的代詞，其性質與古文獻中其字的功用明確的接上相承的縱線。吾人由下二組辭例可以清楚了解其字句的發展。

　　卜辭中的「王其迻于某地，亡戈？」，屬於第三期（廩辛、康丁時期）的習見辭例（註6）。如：

〈集 27799〉　翌日壬王其迻于向，亡戈？吉。

〈集 28326〉　乙王其迻于喪，亡戈？

〈集 28958〉　翌日辛王其迻于向，亡戈？

〈集 28905〉　丁丑卜，翌日戊王其迻于囚，亡戈？

〈集 28915〉　辛卯卜，翌日壬王其迻于敦，亡戈？

〈集 28947〉　翌日壬王其迻于盂，亡戈？

〈集 29192〉　☒王其迻于宮，湄日亡戈？

〈集 29378〉　丁酉卜，翌日戊王其迍于安，亡戋？弘吉。

同期例外的辭例只有一見：

〈集 29011〉　今日其迍在壴，亡戋？

互較以上的常態辭例，卜辭此一辭例的用法是由「王其迍」過渡為「其迍」，句中省略了主語「王」，「其」字仍當視為副詞。然而，如果獨立的由〈集 29011〉一辭看，「其」的用法已經可以理解為轉變成代詞，取代主語「王」的位置。

吾人再細審另一辭例：「王迍，往來亡災？」，數以百見，全屬第五期（帝乙、帝辛時期）的卜辭（註7）。如：

〈集 36395〉　丁亥卜貞：王迍，往來亡災？

〈集 36395〉　壬辰卜貞：王迍，往來亡災？

〈集 36591〉　丁丑卜貞：王迍于雍，往來亡災？

〈集 36642〉　戊戌卜貞：王迍于召，往來亡災？

〈集 36647〉　辛亥卜貞：王迍于槀，往來亡災？

〈集 36655〉　辛酉卜貞：王迍于壴，往來亡災？

〈集 36775〉　癸巳卜在長貞：王迍于射，往來亡災？

〈集 36734〉　丁亥卜貞：王迍于宮，往來亡災？

同期例外只有三見：

〈集 37379〉　丁酉王卜貞：其迍于宮，往來亡災？

〈集 36399〉　辛卯王卜貞：其迍于口，往來亡災？

〈集 36743〉　丁卯王卜在朱貞：其迍从師西，往來亡災？

互較以上的常態辭例，卜辭此一辭例的用法是由「王迍」改變為「其迍」，貞辭中用「其」字取代了主語的「王」，「其」的用法顯然是代詞。

排比以上兩組辭例，殷卜辭中的「其」字漸由表示語氣的副詞轉而為替代主語的代詞，其句型的發展擬測如下：

　　　主語—動詞　⇒　主語—其—動詞　⇒　其—動詞

近年陝西出土的周原甲骨，屬早周時期的甲骨，提供吾人有關殷周文字演變的重要線索。關於「其」字代詞的用法，由殷代晚期普通的代表主語，拓展為周代甲骨中兼代表主、賓語的位置。

周原甲骨中屬於商人所刻的「其」字仍保留傳統副詞的用法，作「主語—其—動詞」的句式，如：

1.〈H11：1〉　貞：王其邵成唐……？

2.〈H11：112〉　貞：王翌日乙酉其桼尋訊☒？

周原甲骨中屬於周人所刻的「其」字，則已較多的出現代表主語的例子，如：

1.〈H31：3〉　八月辛卯卜，曰：其夢啓，往，卣亡咎？獲其五十人。

「其夢」的「其」是代詞，代替主語的「王」。

2.〈H31：2〉　唯衣（殷）奚子來降，其執罘邛吏。

　　由上下文意看，「其」所表示的主語即上文的殷奚子。

周人甲骨「其」字復有進一步用為代表賓語的例子。如：

1.〈H31：3〉　叀亡咎？獲其五十人。

　　「其」字取代賓語的位置，指被俘的某外族。

2.〈H11：170〉　庚子☐遨其四。

　　「其」字代表被追逐的對象，或屬某類動物。

　　歸納「其」字除作為一貫的副詞功能外，殷商時已用為主語的代詞，在早周時則見兼作主、賓語代詞。殷周甲骨中「其」字具備代名詞的用法，但仍未見有指事的功能。

註釋

1、參陳夢家《卜辭綜述》第三章〈文法〉88 頁。中華書局。
2、參周法高《中國古代語法—稱代篇》6 頁。中研院史語所專刊之
　　39。1959 年。
3、引文見陳夢家《卜辭綜述》87 頁。
4、參趙誠《古代文字音韻論文集》159 頁〈甲骨文虛詞探索〉一文。
　　中華書局。
5、參拙稿《甲骨學論叢》181 頁〈釋叀〉一文。學生書局。
6、參姚孝遂編的《殷墟甲骨刻辭類纂》866~867 頁。中華書局。
7、參見《殷墟甲骨刻辭類纂》868~872 頁。

附一　檢字筆畫索引

表格使用說明：

1. 左欄為周原甲骨的文字楷定（依本書作者之楷定編列）。
2. 右欄為該字在周原甲骨中出現的窖穴數與版號數。
3. 版號後所標示的：②、③、④符號，代表該字在該版中出現2、3、4次。

一劃

乙	〈H11：1〉〈H11：112〉〈H11：127〉〈H11：187〉
一	〈H11：85〉〈H11：90〉〈H11：91〉〈H11：146〉〈H11：150〉〈H11：180〉〈H11：247〉

二劃

二	〈H11：1〉〈H11：15〉〈H11：39〉〈H11：99〉〈H11：168〉〈H11：174〉〈H11：274〉
又	〈H11：1〉〈H11：12〉〈H11：82②〉〈H11：84③〉〈H11：130②〉
八	〈H11：7③〉〈H11：85〉〈H11：206〉〈H31：3〉
七	〈H11：7②〉〈H11：78〉〈H11：81②〉〈H11：85②〉〈H11：90②〉〈H11：91②〉〈H11：144〉〈H11：177②〉〈H11：263〉
卜	〈H11：38〉〈H11：52〉〈H11：65〉〈H31：2〉〈H31：3〉〈H31：7〉
入	〈H11：42〉
十	〈H11：42〉〈H11：55〉〈H11：235〉〈H31：3〉
九	〈H11：59〉〈H11：107〉〈H11：207〉
厂	〈H11：70〉
丆	〈H11：82〉〈H11：84〉〈H11：112〉〈H31：1〉
人	〈H11：110〉〈H31：3〉
丁	〈H11：112②〉〈H11：133〉

三劃

子	〈 H11：1 〉〈 H11：5 〉〈 H11：11 〉〈 H11：83 〉〈 H11：94 〉〈 H11：170 〉〈 H31：2 〉
女	〈 H11：1 〉〈 H11：98 〉〈 H11：109 〉〈 H11：178 〉〈 H31：4 〉
三	〈 H11：1② 〉〈 H11：2② 〉〈 H11：119 〉〈 H11：133 〉〈 H11：143 〉〈 H11：237 〉
于	〈 H11：3 〉〈 H11：9 〉〈 H11：14 〉〈 H11：20 〉〈 H11：23 〉〈 H11：30 〉〈 H11：42② 〉〈 H11：84 〉〈 H11：96 〉〈 H11：102 〉〈 H11：117 〉〈 H11：232 〉〈 H11：272 〉
大	〈 H11：9 〉〈 H11：12 〉〈 H11：15 〉〈 H11：24 〉〈 H11：47② 〉〈 H11：50 〉〈 H11：84 〉〈 H11：118 〉
川	〈 H11：9 〉
乞	〈 H11：14 〉
亡	〈 H11：20 〉〈 H11：28 〉〈 H11：35 〉〈 H11：55 〉〈 H11：60 〉〈 H11：77 〉〈 H11：82 〉〈 H11：96 〉〈 H11：113 〉〈 H31：3 〉〈 H31：4 〉
巳	〈 H11：27 〉〈 H11：114 〉〈 H11：134 〉〈 H11：141 〉〈 H11：185 〉〈 H11：200 〉〈 H11：262 〉〈 H31：1 〉
上	〈 H11：46 〉
山	〈 H11：80 〉
工	〈 H11：102 〉
己	〈 H11：128 〉〈 H11：139 〉
才	〈 H11：82 〉〈 H11：133 〉〈 H11：200 〉〈 H31：2 〉
干	〈 H11：145 〉
小	〈 H11：234 〉

四劃

文	〈 H11：1 〉〈 H11：82 〉〈 H11：112② 〉
王	〈 H11：1 〉〈 H11：3② 〉〈 H11：11 〉〈 H11：14 〉

	〈 H11：61 〉 〈 H11：72 〉 〈 H11：75 〉 〈 H11：80 〉 〈 H11：82②〉〈 H11：84 〉〈 H11：100 〉〈 H11：112②〉 〈 H11：113 〉 〈 H11：132 〉 〈 H11：133 〉 〈 H11：134 〉〈 H11：136 〉〈 H11：167 〉〈 H11：174②〉〈 H11：189 〉 〈 H11：233 〉 〈 H11：246 〉 〈 H11：261 〉
月	〈 H11：2④〉 〈 H11：15 〉 〈 H11：40 〉 〈 H11：55 〉 〈 H31：3 〉
日	〈 H11：5②〉 〈 H11：6 〉 〈 H11：21 〉 〈 H11：25 〉 〈 H11：36 〉 〈 H11：52 〉 〈 H11：75 〉 〈 H11：76 〉 〈 H11：83 〉 〈 H11：85 〉 〈 H11：157 〉 〈 H31：2 〉 〈 H31：3 〉 〈 H31：4 〉
五	〈 H11：7 〉〈 H11：125 〉〈 H11：158 〉〈 H11：161 〉 〈 H11：180 〉 〈 H11：189 〉 〈 H11：210 〉 〈 H11：276 〉 〈 H31：3 〉
内	〈 H11：11 〉
父	〈 H11：11 〉 〈 H11：83 〉
今	〈 H11：14 〉 〈 H11：15 〉 〈 H11：16 〉 〈 H11：75 〉 〈 H11：83 〉 〈 H11：126 〉 〈 H11：136 〉
木	〈 H11：29 〉
壬	〈 H11：38 〉 〈 H11：57 〉
止	〈 H11：42 〉
公	〈 H11：45 〉 〈 H11：98 〉
不	〈 H11：47 〉〈 H11：84 〉〈 H11：106 〉〈 H11：108 〉 〈 H11：131 〉 〈 H11：135 〉 〈 H11：174 〉 〈 H11：188 〉
天	〈 H11：59 〉 〈 H11：82 〉 〈 H11：96 〉
六	〈 H11：64 〉〈 H11：81④〉〈 H11：85②〉〈 H11：90②〉 〈 H11：91③〉 〈 H11：177④〉 〈 H11：217 〉 〈 H11：235②〉 〈 H11：263②〉
方	〈 H11：82 〉 〈 H11：84 〉
日	〈 H11：112 〉
竹	〈 H11：123 〉
牛	〈 H11：125 〉
中	〈 H11：163 〉
丑	〈 H11：187 〉
双	〈 H11：259 〉

五劃

奴	〈 H11：1 〉 〈 H11：114 〉
邪	〈 H11：1 〉 〈 H11：82 〉
正	〈 H11：1 〉 〈 H11：15 〉 〈 H11：82 〉 〈 H11：84 〉 〈 H11：114 〉 〈 H11：130 〉
田	〈 H11：3② 〉 〈 H11：31 〉
召	〈 H11：5 〉
乎	〈 H11：8 〉 〈 H11：11 〉 〈 H11：52 〉 〈 H11：69 〉 〈 H11：92 〉 〈 H11：154 〉 〈 H11：174 〉
出	〈 H11：9 〉 〈 H11：18 〉 〈 H11：186 〉
史	〈 H11：11 〉 〈 H31：2 〉
乍	〈 H11：12 〉 〈 H11：24 〉 〈 H11：59 〉 〈 H11：118 〉 〈 H31：2 〉
白	〈 H11：14 〉 〈 H11：22 〉 〈 H11：70 〉 〈 H11：82 〉 〈 H11：84 〉 〈 H11：88 〉
立	〈 H11：24 〉
生	〈 H11：29 〉
用	〈 H11：37 〉 〈 H11：42 〉 〈 H11：48 〉 〈 H11：65 〉 〈 H11：75 〉 〈 H11：98 〉 〈 H11：174 〉 〈 H11：191 〉 〈 H11：222 〉 〈 H11：246 〉 〈 H31：4 〉
四	〈 H11：40 〉 〈 H11：170 〉 〈 H11：214 〉
弗	〈 H11：65 〉 〈 H31：4 〉
戊	〈 H11：82 〉
甲	〈 H11：84 〉 〈 H11：247 〉
母	〈 H11：95 〉
必	〈 H11：112 〉
卯	〈 H11：112 〉 〈 H11：127 〉 〈 H11：133 〉 〈 H31：3 〉
未	〈 H11：113 〉
令	〈 H11：239 〉

六劃

成	〈 H11：1 〉

血	〈 H11：1 〉
自	〈 H11：2 〉〈 H11：18 〉〈 H11：20 〉〈 H11：108 〉〈 H11：117 〉〈 H11：131 〉〈 H11：135 〉〈 H11：159 〉〈 H11：172 〉〈 H11：188 〉〈 H11：224 〉〈 H11：244 〉〈 H11：245 〉
至	〈 H11：2 〉〈 H11：3 〉
衣	〈 H11：3 〉〈 H31：2 〉
舟	〈 H11：4 〉
吏	〈 H11：8 〉
宊	〈 H11：8 〉
宅	〈 H11：34 〉
西	〈 H11：8 〉
臿	〈 H11：11 〉〈 H11：105 〉〈 H31：2 〉
形	〈 H11：2 〉〈 H11：17 〉
虫	〈 H11：22 〉〈 H11：156 〉
吉	〈 H11：26 〉〈 H11：48 〉〈 H11：54 〉
邗	〈 H11：27 〉〈 H11：31 〉〈 H11：33 〉
朮	〈 H11：37 〉〈 H11：116 〉〈 H11：278 〉
年	〈 H11：64 〉〈 H11：144 〉
絲	〈 H11：65 〉
伐	〈 H11：68 〉〈 H11：232 〉
枇	〈 H11：108 〉〈 H11：135 〉
伙	〈 H11：112 〉
弜	〈 H11：114 〉〈 H11：134 〉〈 H11：141 〉
百	〈 H11：125 〉
自	〈 H11：174 〉
兆	〈 H11：186 〉

七劃

臣	〈 H11：4 〉
卧	〈 H11：5 〉〈 H11：6 〉〈 H11：43 〉〈 H31：4 〉
克	〈 H11：6 〉〈 H11：21 〉〈 H11：32 〉〈 H11：97 〉〈 H11：136 〉〈 H31：4 〉

即	〈 H11 ： 13 〉 〈 H11 ： 26 〉 〈 H11 ： 48 〉 〈 H11 ： 54 〉 〈 H11 ： 55 〉 〈 H11 ： 119 〉 〈 H31 ： 4 〉
孝	〈 H11 ： 21 〉
身	〈 H11 ： 61 〉
牢	〈 H11 ： 78 〉 〈 H11 ： 99 〉 〈 H11 ： 119 〉 〈 H11 ： 133 〉
告	〈 H11 ： 83 〉 〈 H11 ： 96 〉
見	〈 H11 ： 92 〉 〈 H11 ： 102 〉 〈 H11 ： 154 〉
利	〈 H11 ： 101 〉
酉	〈 H11 ： 112 〉 〈 H11 ： 128 〉
辛	〈 H11 ： 113 〉 〈 H11 ： 152 〉 〈 H31 ： 3 〉
車	〈 H11 ： 124 〉
每	〈 H11 ： 174 〉
兒	〈 H11 ： 184 〉
㲋	〈 H11 ： 201 〉

八劃

武	〈 H11 ： 1 〉 〈 H11 ： 82 〉 〈 H11 ： 112② 〉
宗	〈 H11 ： 1 〉
其	〈 H11 ： 1② 〉〈 H11 ： 4 〉〈 H11 ： 5 〉〈 H11 ： 11 〉〈 H11 ： 12② 〉〈 H11 ： 14 〉〈 H11 ： 17 〉〈 H11 ： 36 〉〈 H11 ： 48 〉〈 H11 ： 51 〉〈 H11 ： 59 〉〈 H11 ： 60 〉〈 H11 ： 69 〉〈 H11 ： 70 〉〈 H11 ： 71 〉〈 H11 ： 80 〉〈 H11 ： 82 〉〈 H11 ： 84 〉〈 H11 ： 85 〉〈 H11 ： 87 〉〈 H11 ： 100 〉〈 H11 ： 103 〉〈 H11 ： 107 〉〈 H11 ： 111 〉〈 H11 ： 112 〉〈 H11 ： 113 〉〈 H11 ： 114 〉〈 H11 ： 115 〉〈 H11 ： 118 〉〈 H11 ： 119 〉〈 H11 ： 123 〉〈 H11 ： 129 〉〈 H11 ： 170 〉〈 H11 ： 174 〉〈 H11 ： 189 〉〈 H11 ： 200 〉〈 H11 ： 210 〉〈 H11 ： 232 〉〈 H11 ： 233 〉〈 H11 ： 239 〉〈 H31 ： 2② 〉 〈 H31 ： 3② 〉
叀	〈 H11 ： 1 〉〈 H11 ： 2 〉〈 H11 ： 6 〉〈 H11 ： 20 〉〈 H11 ： 21 〉〈 H11 ： 28 〉〈 H11 ： 32 〉〈 H11 ： 35 〉〈 H11 ： 47 〉〈 H11 ： 77 〉〈 H11 ： 82 〉〈 H11 ： 84 〉〈 H11 ： 96 〉〈 H11 ： 114 〉〈 H11 ： 130 〉〈 H11 ： 136 〉〈 H11 ： 168 〉〈 H11 ： 174② 〉〈 H11 ： 237 〉〈 H11 ： 248 〉〈 H31 ： 3 〉 〈 H31 ： 4 〉

尚	〈H11：2〉〈H11：23〉
帛	〈H11：3〉
事	〈H11：6〉〈H11：21〉〈H11：32〉
來	〈H11：14〉〈H11：83〉〈H31：2〉
往	〈H11：15〉〈H11：80〉〈H11：136〉〈H31：3〉
咎	〈H11：28〉〈H11：35〉〈H11：55〉〈H11：60〉〈H11：77〉〈H11：96〉〈H11：222〉〈H31：3〉〈H31：4〉〈H31：5〉
隹	〈H11：40〉〈H11：44〉〈H11：53〉〈H11：55〉〈H11：222〉〈H11：277〉
夜	〈H11：56〉
祀	〈H11：76〉
册	〈H11：82〉〈H11：84〉
周	〈H11：82〉〈H11：84〉〈H11：104〉〈H11：117〉
受	〈H11：82〉〈H11：84〉〈H11：87〉〈H11：130〉〈H11：174〉〈H11：189〉
⿱𥫗乏	〈H11：100〉
征	〈H11：110〉
畄	〈H11：110〉
舍	〈H11：115〉
⿰女风	〈H11：164〉
庚	〈H11：170〉
亞	〈H11：181〉
京	〈H31：2〉
攺	〈H31：3〉
⿺辶戈	〈H31：4〉

九劃

癸	〈H11：1〉〈H11：179〉〈H11：185〉〈H11：213〉
帝	〈H11：1〉〈H11：82〉〈H11：122〉
貞	〈H11：1〉〈H11：52〉〈H11：84〉〈H11：112〉〈H11：174〉
⿰羊土	〈H11：1〉
保	〈H11：15〉〈H11：50〉

㐭	〈 H11：20 〉
洛	〈 H11：27 〉 〈 H11：102 〉
宬	〈 H11：37 〉 〈 H11：116 〉 〈 H11：175 〉 〈 H11：278 〉
牲	〈 H11：42 〉
陰	〈 H11：46 〉
高	〈 H11：56 〉
豚	〈 H11：73 〉 〈 H11：127 〉 〈 H11：128 〉 〈 H11：187 〉
厚	〈 H11：74 〉
𢆶	〈 H11：82 〉
易	〈 H11：101 〉
爯	〈 H11：112 〉
若	〈 H11：114 〉 〈 H11：115 〉
叟	〈 H11：153 〉
胄	〈 H11：168 〉 〈 H11：174② 〉 〈 H11：237 〉
栺	〈 H11：172 〉
降	〈 H31：2 〉
斿	〈 H31：2 〉
南	〈 H31：2 〉
城	〈 H31：5 〉

十劃

唐	〈 H11：1 〉
隻	〈 H11：3 〉 〈 H11：39 〉
師	〈 H11：4 〉
茲	〈 H11：6 〉
鬼	〈 H11：8 〉
陟	〈 H11：11 〉
青	〈 H11：20 〉 〈 H11：113 〉
祠	〈 H11：20 〉 〈 H11：117 〉
乘	〈 H11：35 〉 〈 H11：124 〉
茲	〈 H11：37 〉 〈 H11：48 〉 〈 H11：51 〉 〈 H11：68 〉
迺	〈 H11：42 〉 〈 H31：4 〉 〈 H31：5 〉

追	〈 H11：47 〉			
沮	〈 H11：48 〉	〈 H11：54 〉		
眔	〈 H11：70 〉	〈 H31：2 〉		
楷	〈 H11：131 〉	〈 H11：188 〉		
馬	〈 H11：150 〉	〈 H11：280 〉		
徝	〈 H11：273 〉			

十一劃

祭	〈 H11：1 〉			
紮	〈 H11：1 〉			
豚	〈 H11：1 〉			
唯	〈 H11：2 〉	〈 H11：49 〉	〈 H31：1 〉	〈 H31：2 〉
商	〈 H11：8 〉	〈 H11：115 〉	〈 H11：148 〉	〈 H11：164 〉
替	〈 H11：14 〉			
族	〈 H11：17 〉	〈 H11：116 〉		
戛	〈 H11：28 〉			
圍	〈 H11：32 〉			
畢	〈 H11：45 〉	〈 H11：86 〉		
魚	〈 H11：48 〉	〈 H11：85 〉		
桼	〈 H11：84 〉	〈 H11：112 〉	〈 H11：174 〉	
異	〈 H11：87 〉			
莫	〈 H11：92 〉			
翌	〈 H11：112 〉	〈 H11：113 〉		
逐	〈 H11：113 〉			
酓	〈 H11：132 〉			
戜	〈 H11：31 〉	〈 H11：136 〉		
執	〈 H31：2 〉			
陞	〈 H31：4 〉			

十二劃

敔	〈 H11：4 〉		
夋	〈 H11：4② 〉	〈 H11：30 〉	〈 H11：37 〉

橃	〈 H11：23 〉
盡	〈 H11：84 〉
敷	〈 H11：98 〉 〈 H11：176 〉
猷	〈 H31：3 〉

十三劃

楚	〈 H11：4 〉 〈 H11：83 〉
蜀	〈 H11：68 〉 〈 H11：97 〉
鼎	〈 H11：87 〉
豐	〈 H11：112 〉
盧	〈 H11：113 〉
鵅	〈 H31：2 〉

十四劃

蒿	〈 H11：20 〉 〈 H11：117 〉
戩	〈 H11：232 〉
爾	〈 H31：2 〉

十五劃

鼑	〈 H11：10 〉 〈 H11：13 〉
鼒	〈 H11：14 〉 〈 H31：4 〉
獣	〈 H11：19 〉
竪	〈 H11：42 〉
邀	〈 H11：170 〉
韋	〈 H11：171 〉

十六劃

襛	〈 H11：47 〉
龍	〈 H11：92 〉

瘦	〈 H31 ： 3 〉

十七劃

覴	〈 H11 ： 13 〉
龜	〈 H11 ： 18 〉

十八劃

彝	〈 H11 ： 1② 〉 〈 H11 ： 112 〉
獵	〈 H11 ： 25 〉
豐	〈 H11 ： 51 〉
雞	〈 H31 ： 2 〉

十九劃

麗	〈 H11 ： 123 〉
繼	〈 H11 ： 153 〉

二十劃

寶	〈 H11 ： 52 〉

二十四劃

將兆	〈 H11 ： 1 〉

二十五劃

燮	〈 H11 ： 14 〉 〈 H11 ： 136 〉

待楷定字體

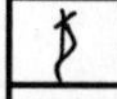	〈H11：14〉
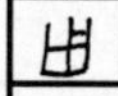	〈H11：16〉
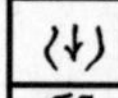	〈H11：17〉
	〈H11：29〉
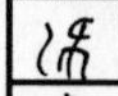	〈H11：30〉
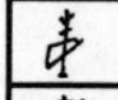	〈H11：35〉
	〈H11：36〉
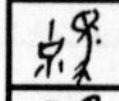	〈H11：41〉
	〈H11：41〉
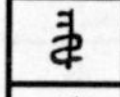	〈H11：44〉
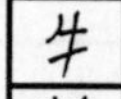	〈H11：59〉
	〈H11：59〉
	〈H11：62〉
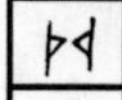	〈H11：63〉
	〈H11：66〉
	〈H11：80〉
	〈H11：80〉
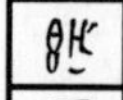	〈H11：85〉
	〈H11：94〉
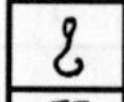	〈H11：121〉
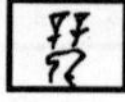	〈H11：138〉

附二 陳全方《周原與周文化》、徐錫臺《周原甲骨文綜述》描本

陳全方描本

徐錫臺描本

(H11:1)27:1

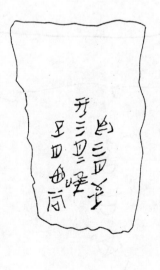

(H11:2)16:1

(H11:3) 10:1

(H11:4) 25:1

(H11:5) 9:1

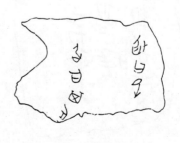

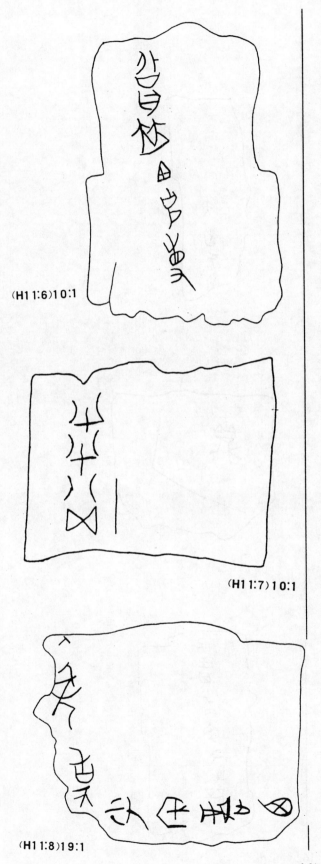

(H1 1:6) 10:1

(H1 1:7) 10:1

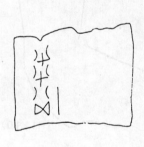

(H1 1:8) 19:1

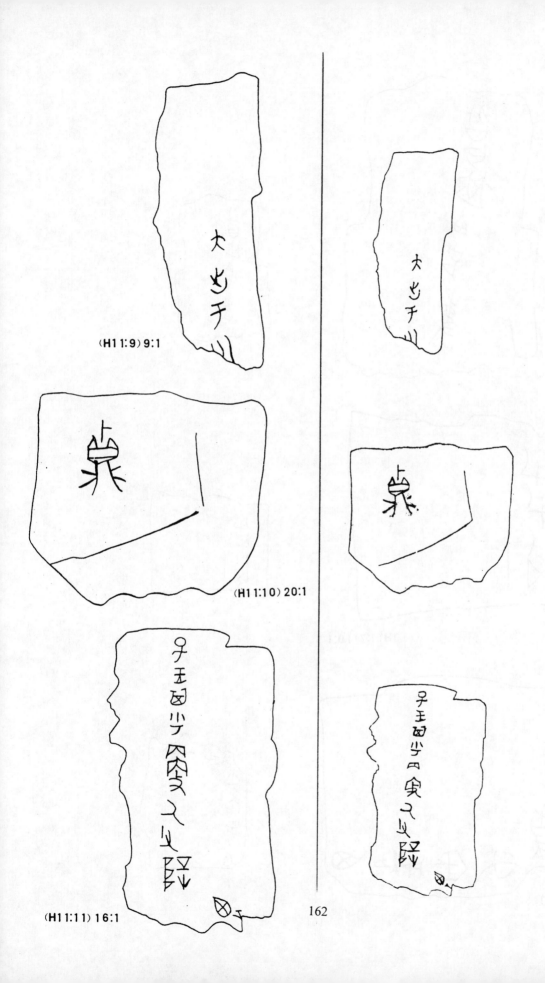

(H11:9) 9:1

(H11:10) 20:1

(H11:11) 16:1

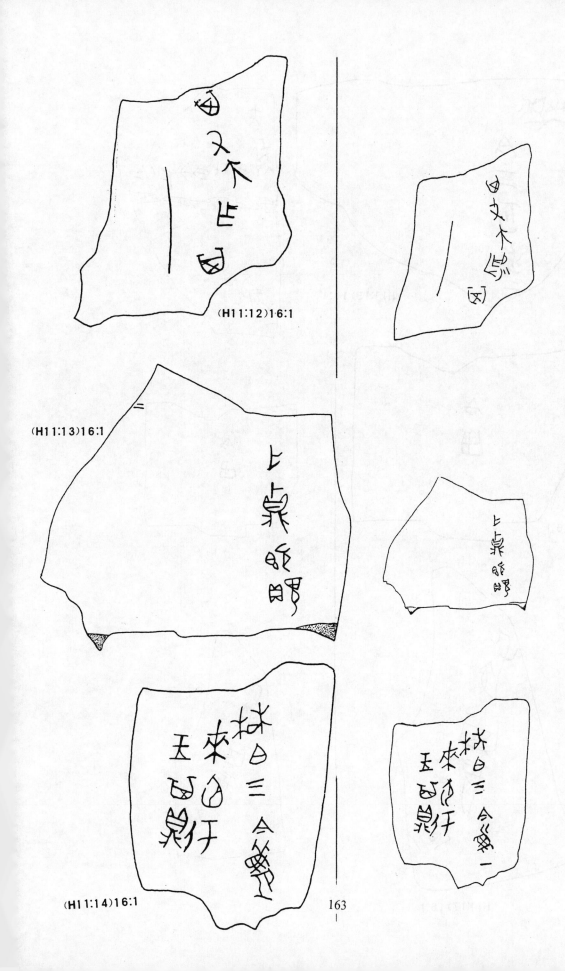

(H11:12)16:1

(H11:13)16:1

(H11:14)16:1

163

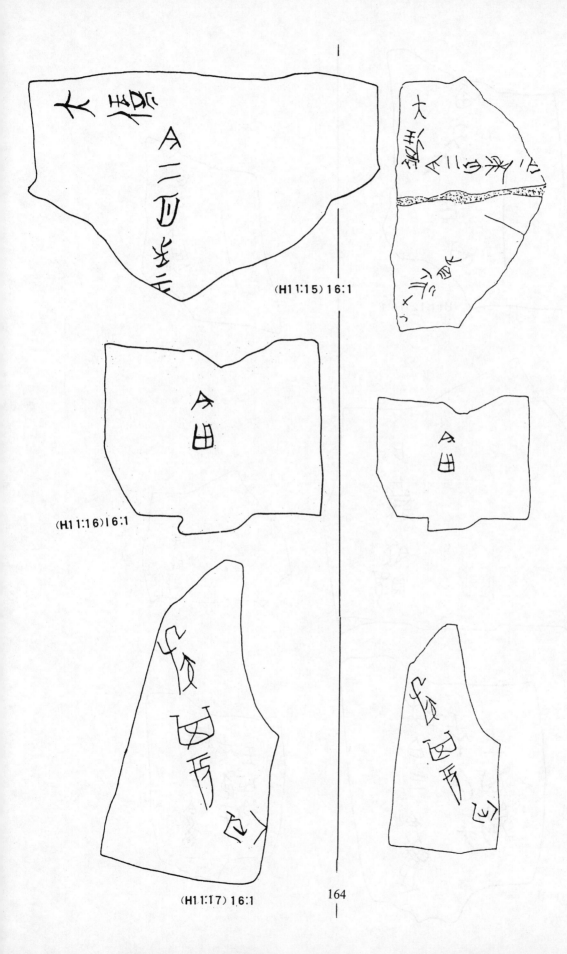

(H11:15) 16:1

(H11:16) 16:1

(H11:17) 16:1

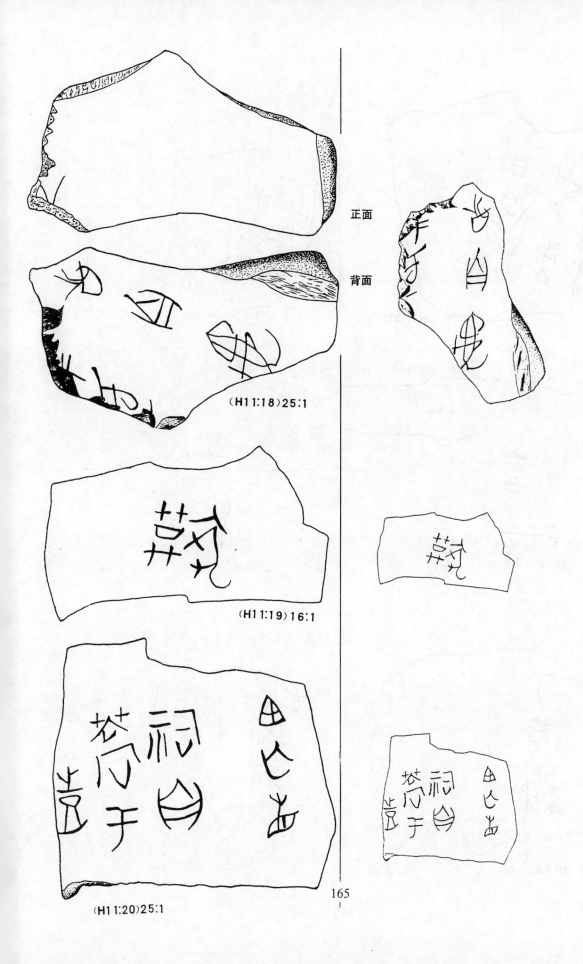

正面

背面

(H11:18)25:1

(H11:19)16:1

(H11:20)25:1

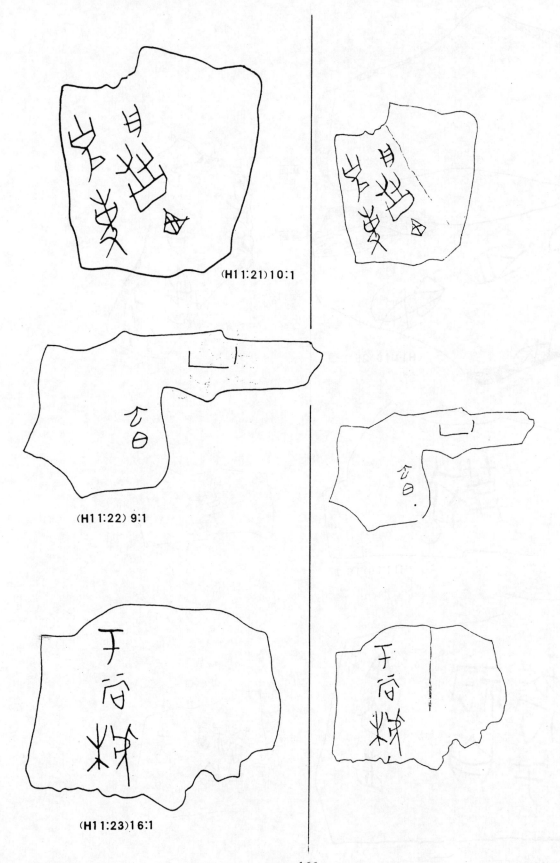

(H11:21)10:1

(H11:22) 9:1

(H11:23)16:1

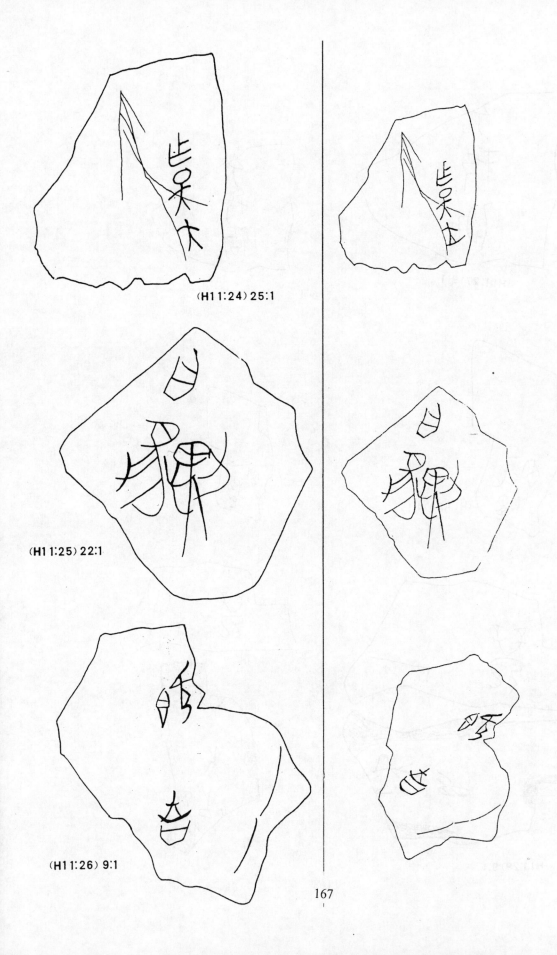

(H1 1:24) 25:1

(H1 1:25) 22:1

(H1 1:26) 9:1

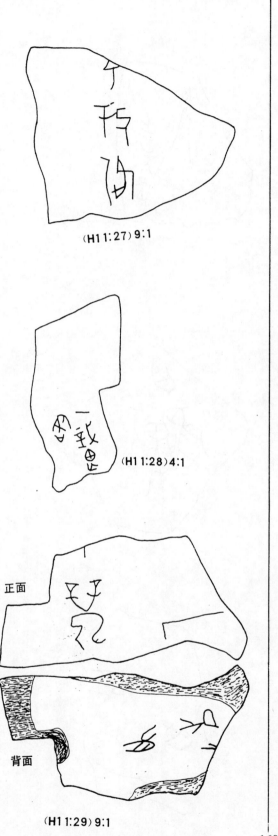

(H11:27) 9:1

(H11:28) 4:1

正面

背面

(H11:29) 9:1

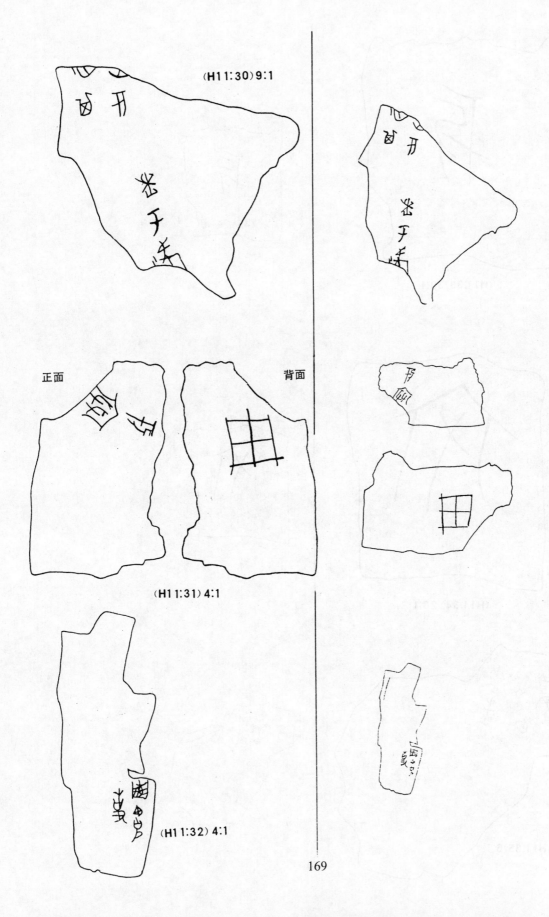

(H11:30) 9:1

正面　　　　　　　　　背面

(H11:31) 4:1

(H11:32) 4:1

(H1 1:33)30:1

(H1 1:34) 28:1

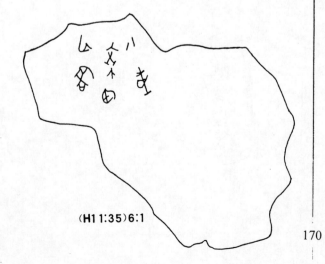

(H1 1:35)6:1

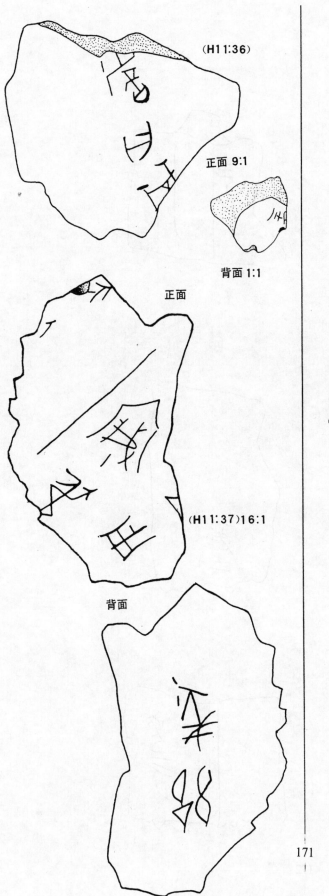

（H11:36）

正面 9:1

背面 1:1

正面

（H11:37）16:1

背面

正

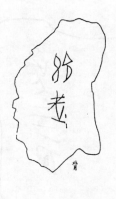

背

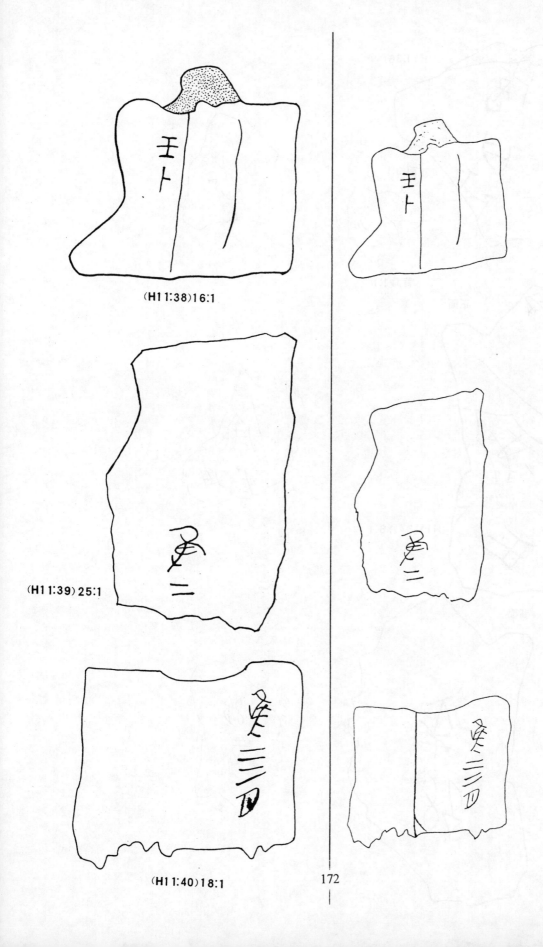

(H1 1:38)16:1

(H1 1:39) 25:1

(H1 1:40) 18:1

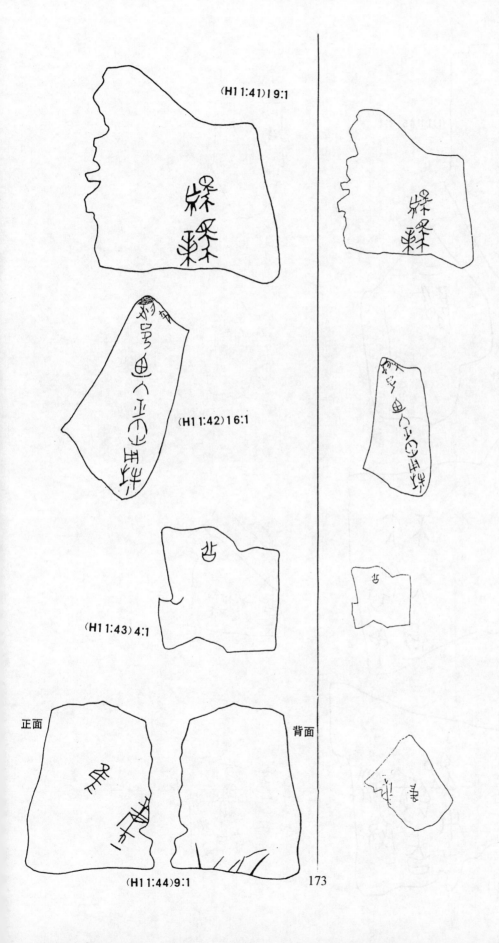

(H1 1:41)19:1

(H1 1:42)16:1

(H1 1:43)4:1

正面　　　　　　　　　　背面

(H1 1:44)9:1

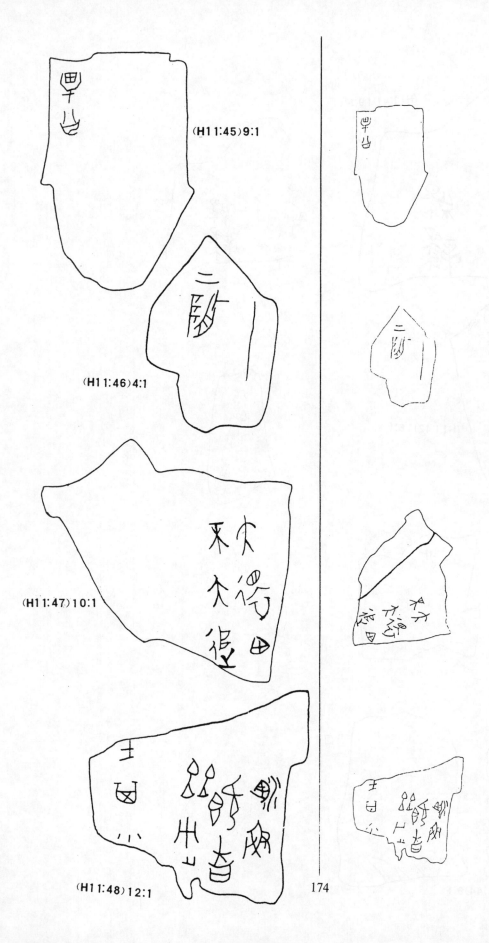

(H1 1:45)9:1

(H1 1:46)4:1

(H1 1:47)10:1

(H1 1:48)12:1

174

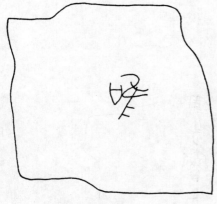

(H1 1:49) 24:1

(H1 1:50) 36:1

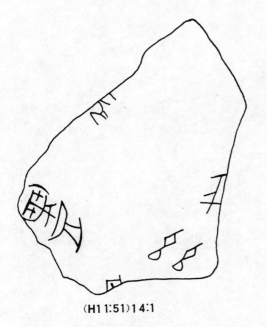

(H1 1:51) 14:1

175

(H11:52) 16:1

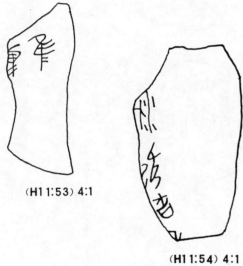

(H11:53) 4:1

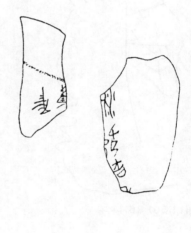

(H11:54) 4:1

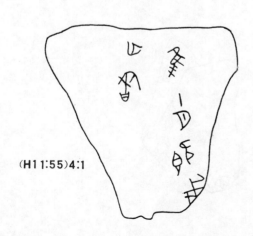

(H11:55) 4:1

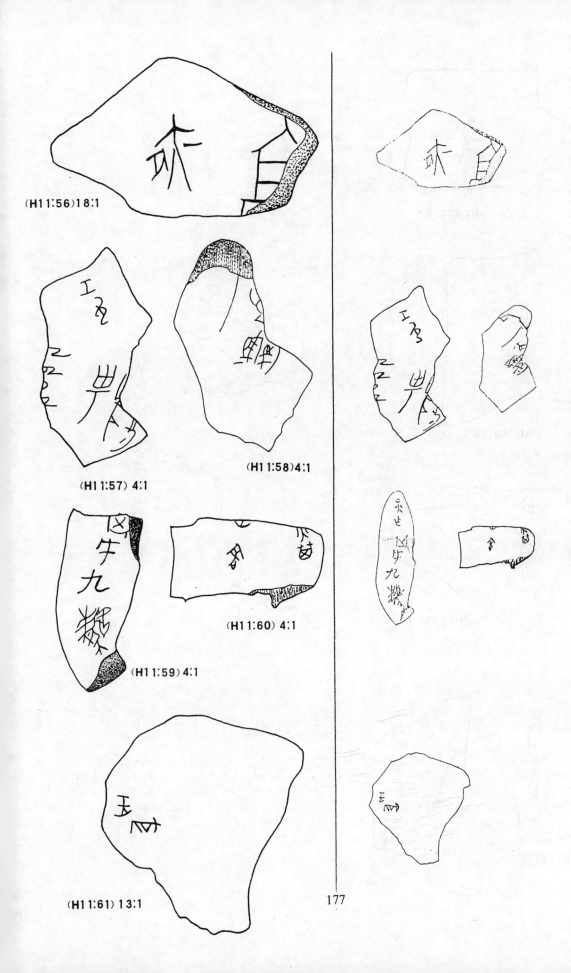

(H1 1:56)18:1

(H1 1:57) 4:1

(H1 1:58)4:1

(H1 1:59) 4:1

(H1 1:60) 4:1

(H1 1:61) 13:1

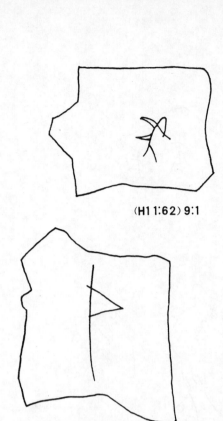

(H1 1:62) 9:1

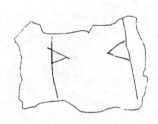

(H1 1:63) 18:1

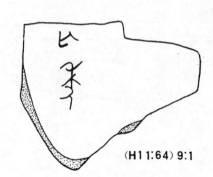

(H1 1:64) 9:1

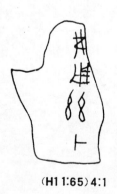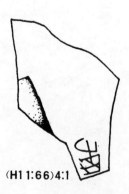

(H1 1:65) 4:1　　(H1 1:66) 4:1

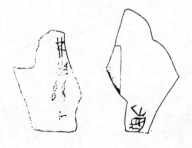

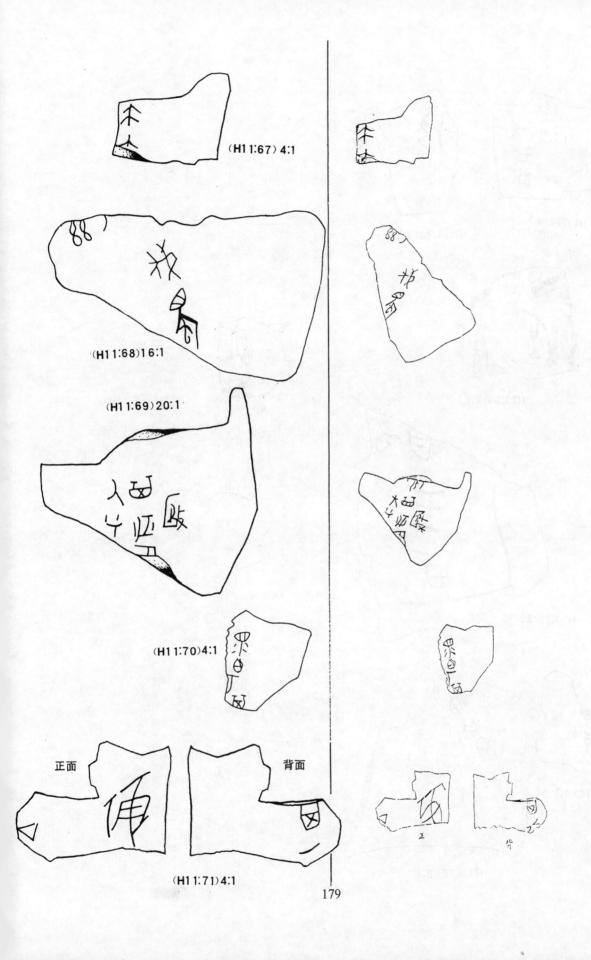

（H11：67）4：1

（H11：68）16：1

（H11：69）20：1

（H11：70）4：1

正面　　　　　　　　　　背面

正

（H11：71）4：1

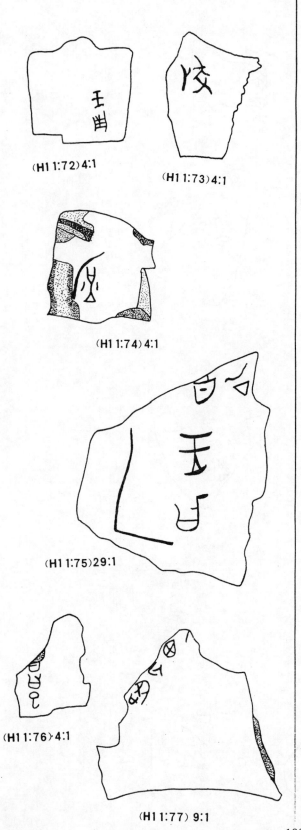

(H1 1:72) 4:1

(H1 1:73) 4:1

(H1 1:74) 4:1

(H1 1:75) 29:1

(H1 1:76) 4:1

(H1 1:77) 9:1

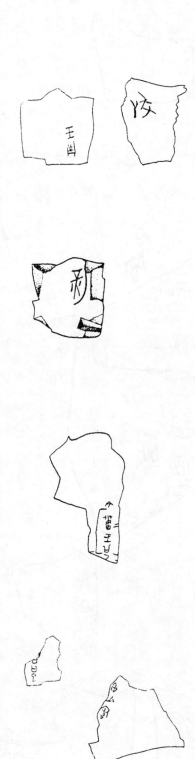

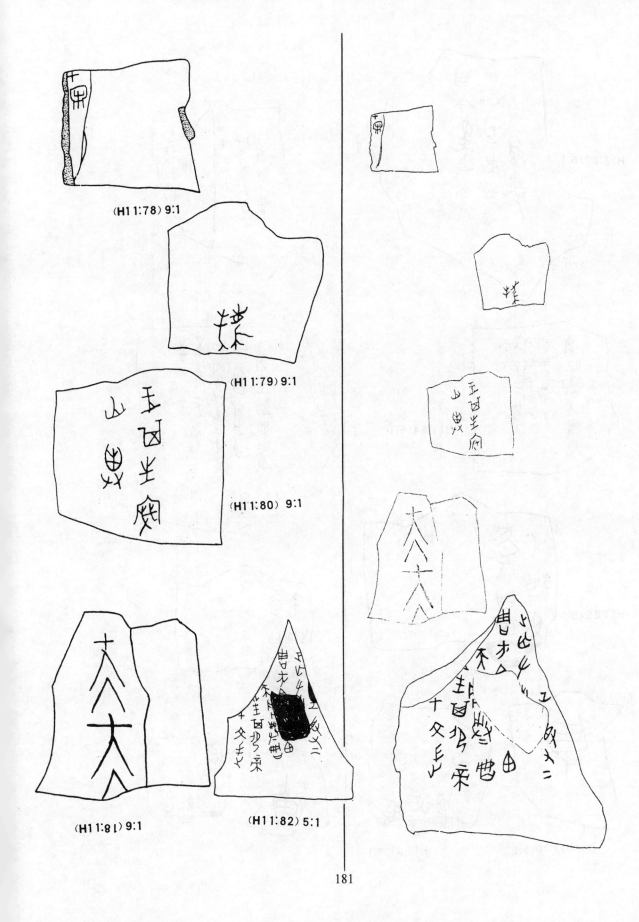

(H1 1:78) 9:1

(H1 1:79) 9:1

(H1 1:80) 9:1

(H1 1:81) 9:1

(H1 1:82) 5:1

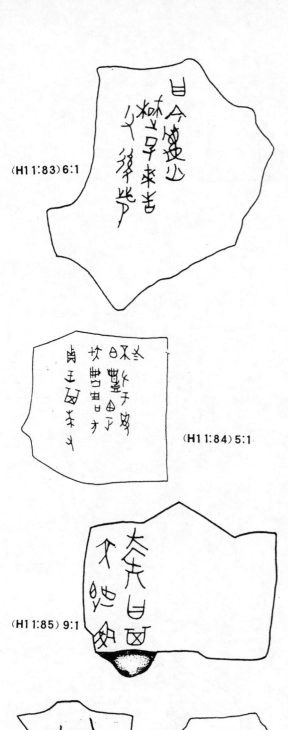

(H1 1:83) 6:1

(H1 1:84) 5:1

(H1 1:85) 9:1

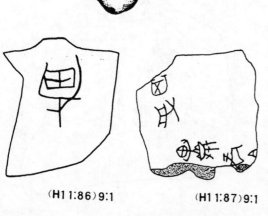

(H1 1:86) 9:1　　　(H1 1:87) 9:1

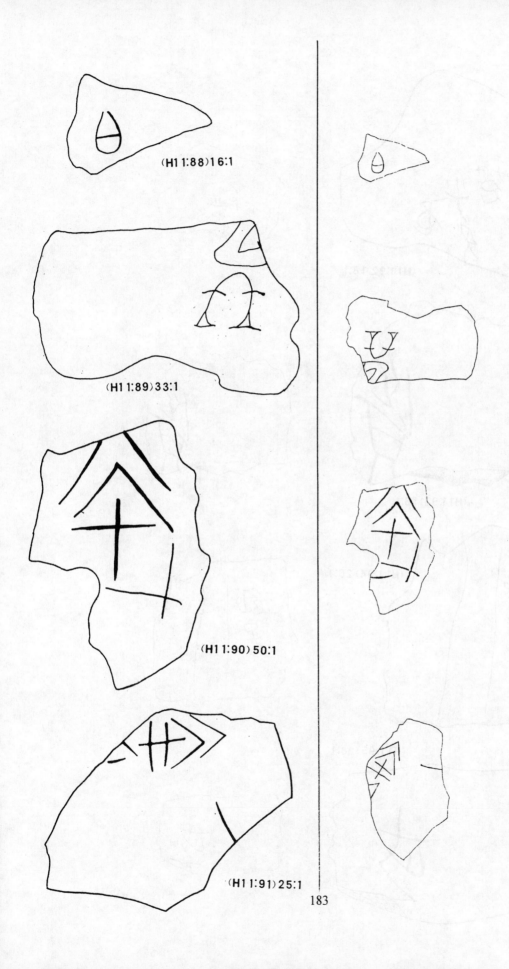

(H1 1:88) 16:1

(H1 1:89) 33:1

(H1 1:90) 50:1

(H1 1:91) 25:1

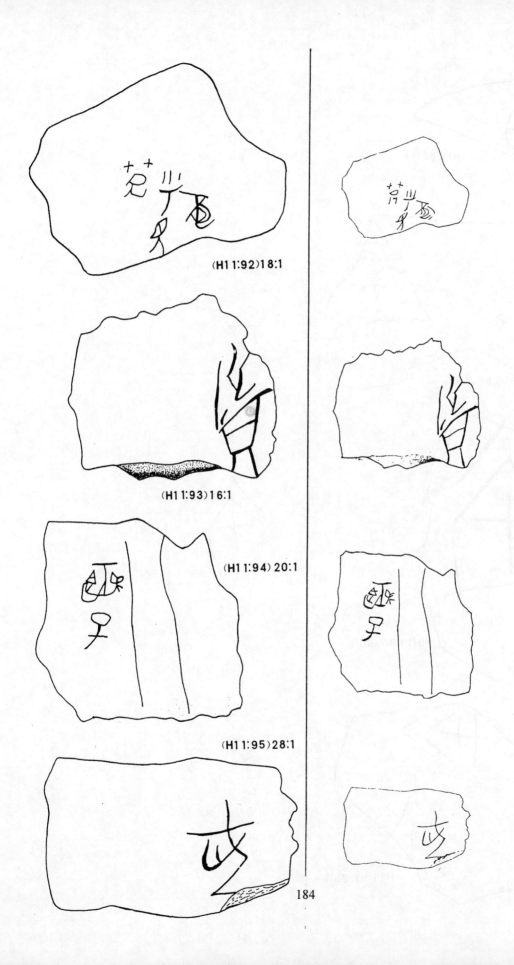

(H11:92)18:1

(H11:93)16:1

(H11:94) 20:1

(H11:95) 28:1

184

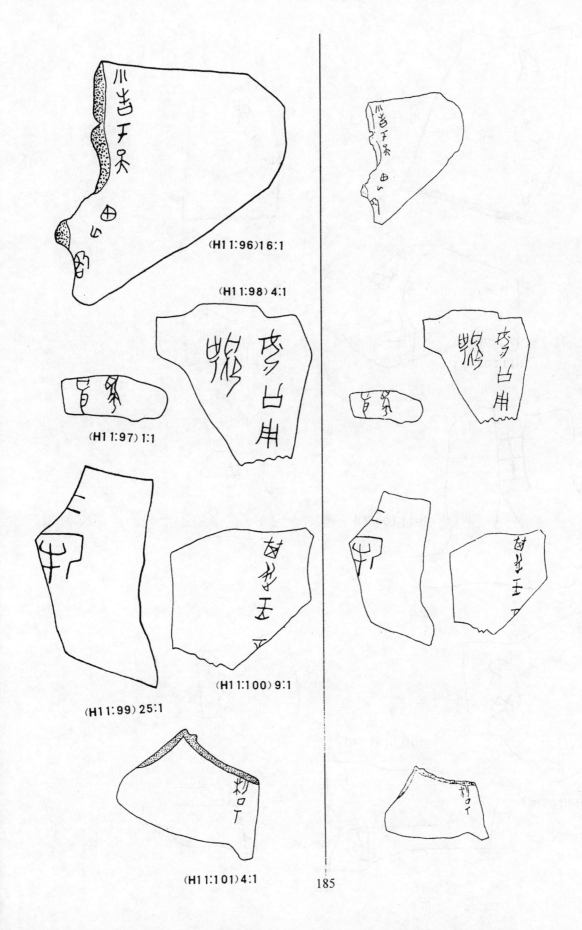

(H11:96)16:1

(H11:98) 4:1

(H11:97) 1:1

(H11:99) 25:1

(H11:100) 9:1

(H11:101)4:1

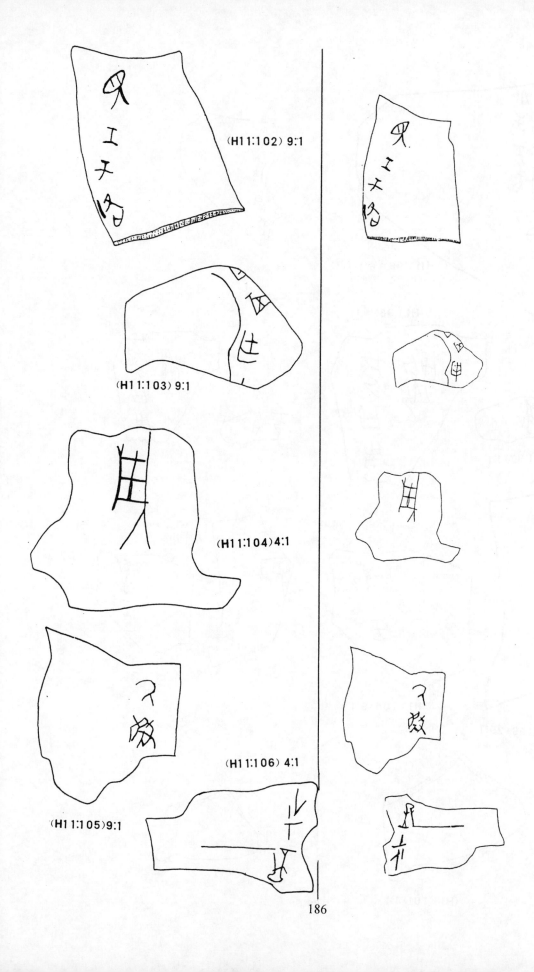

(H11:102) 9:1

(H11:103) 9:1

(H11:104) 4:1

(H11:106) 4:1

(H11:105) 9:1

186

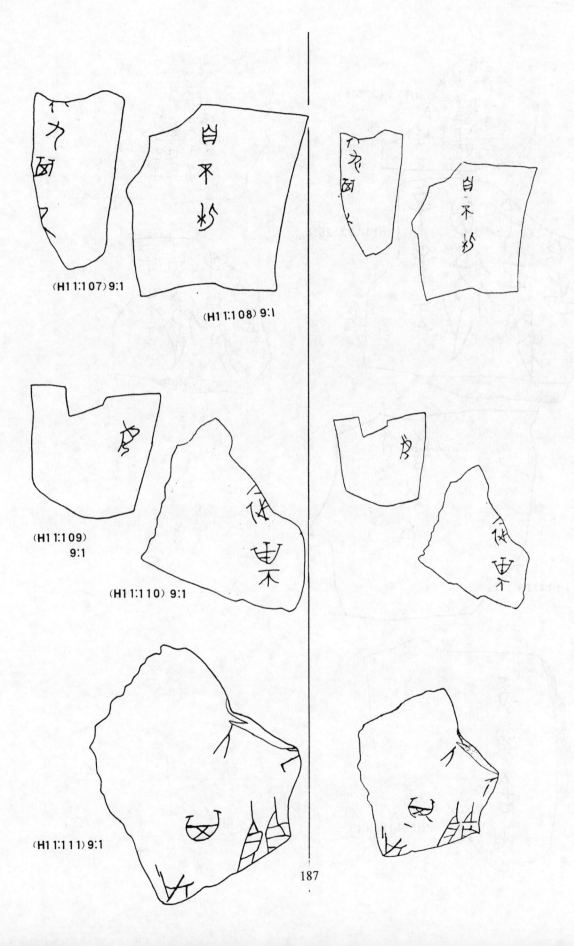

(H11:107) 9:1

(H11:108) 9:1

(H11:109)
9:1

(H11:110) 9:1

(H11:111) 9:1

187

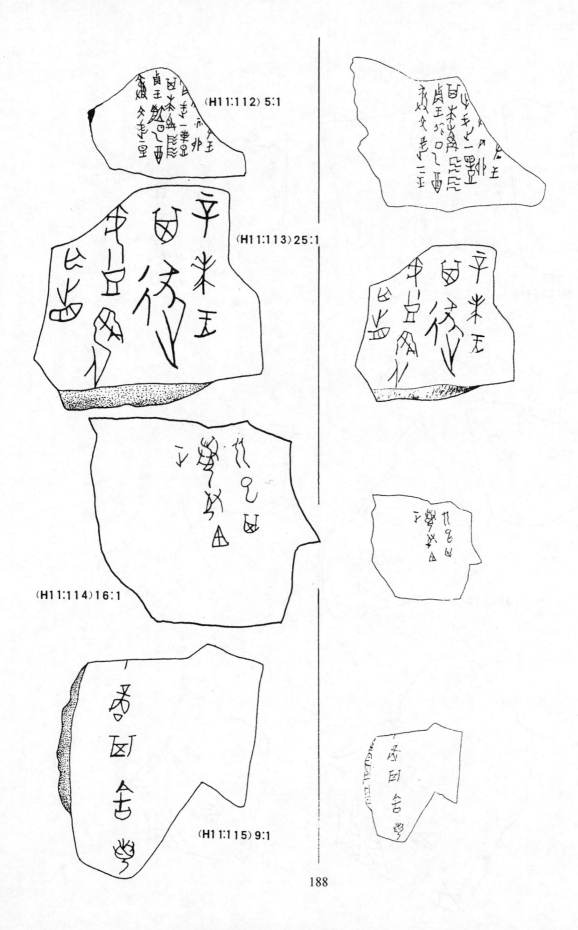

(H11:112) 5:1

(H11:113) 25:1

(H11:114) 16:1

(H11:115) 9:1

188

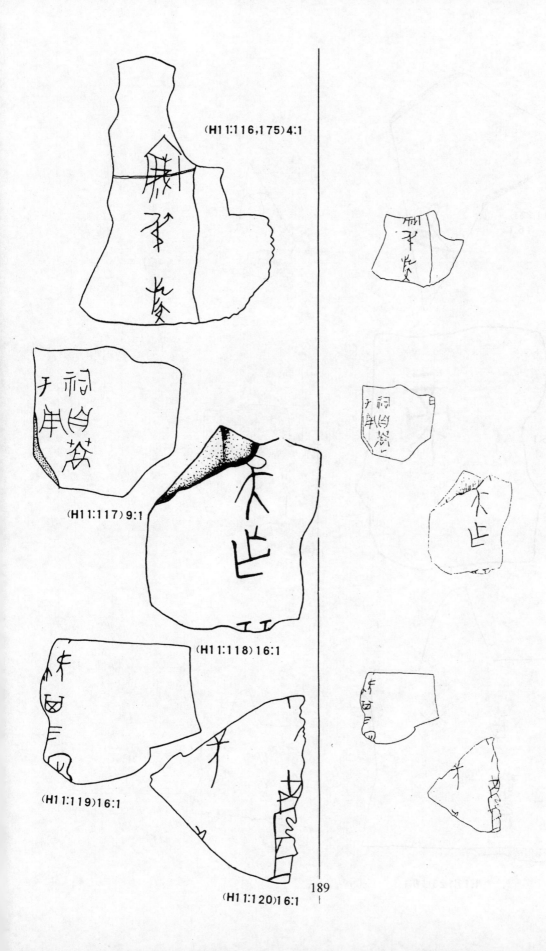

(H1 1:116,175)4:1

(H1 1:117) 9:1

(H1 1:118) 16:1

(H1 1:119)16:1

(H1 1:120)16:1

189

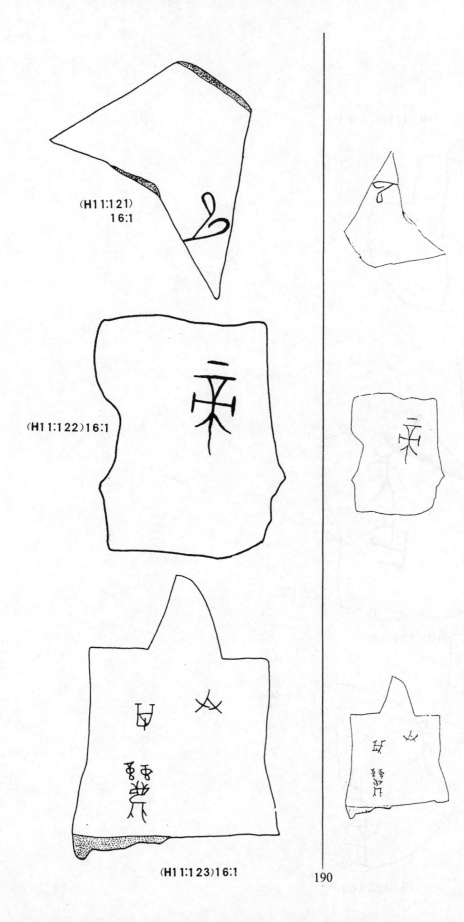

(H11:121)
16:1

(H11:122)16:1

(H11:123)16:1

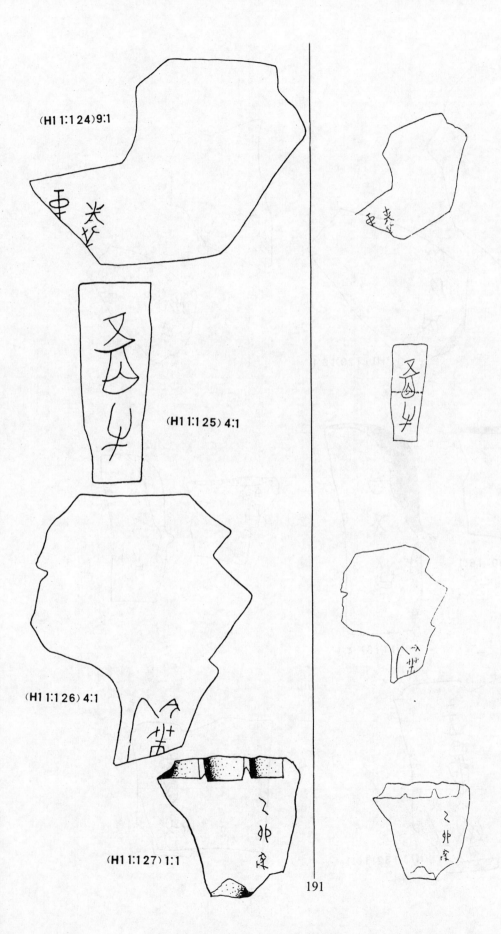

(H1 1:124) 9:1

(H1 1:125) 4:1

(H1 1:126) 4:1

(H1 1:127) 1:1

191

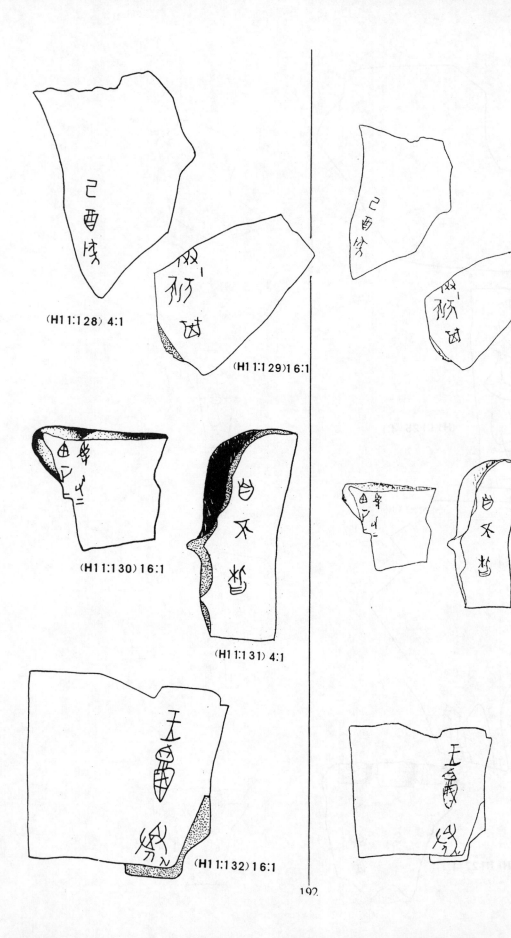

(H11:128) 4:1

(H11:129)16:1

(H11:130)16:1

(H11:131) 4:1

(H11:132)16:1

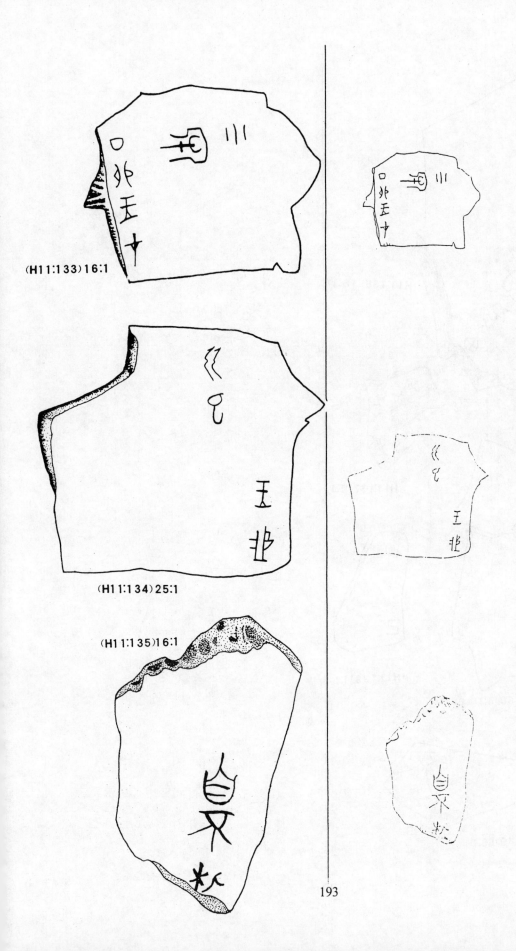

(H11:133)16:1

(H11:134)25:1

(H11:135)16:1

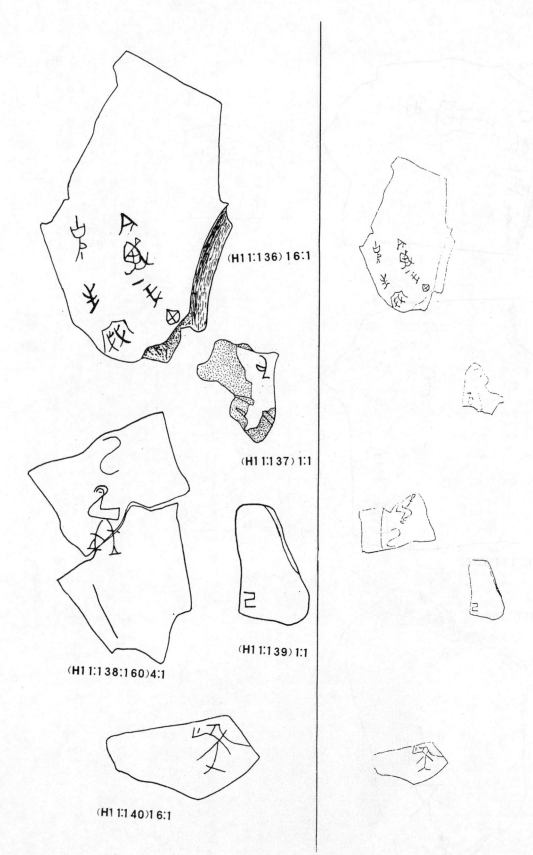

(H11:136) 16:1

(H11:137) 1:1

(H11:138:160) 4:1

(H11:139) 1:1

(H11:140) 16:1

194

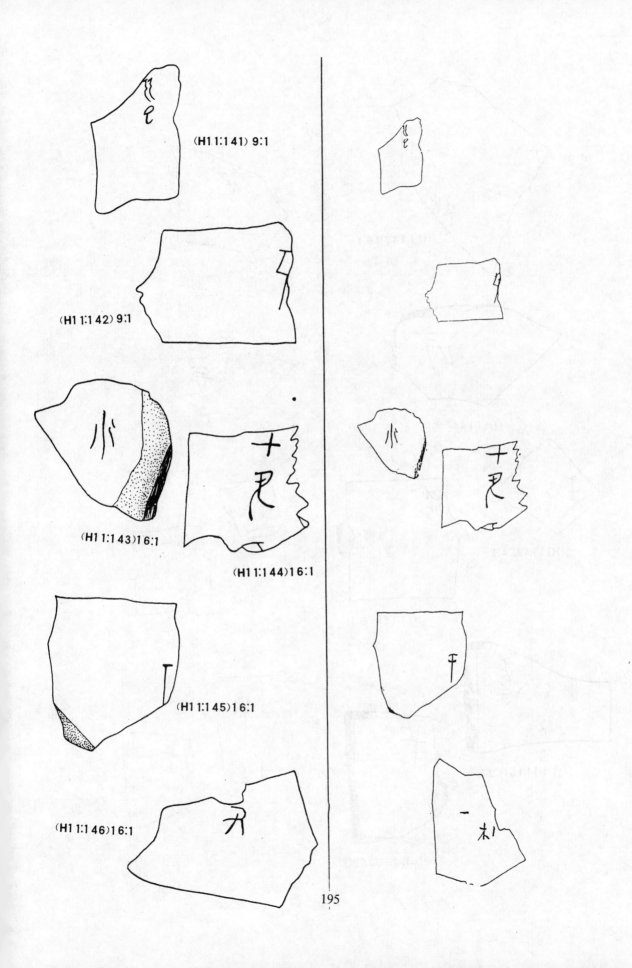

(H1 1:1 41) 9:1

(H1 1:1 42) 9:1

(H1 1:1 43) 16:1

(H1 1:1 44) 16:1

(H1 1:1 45) 16:1

(H1 1:1 46) 16:1

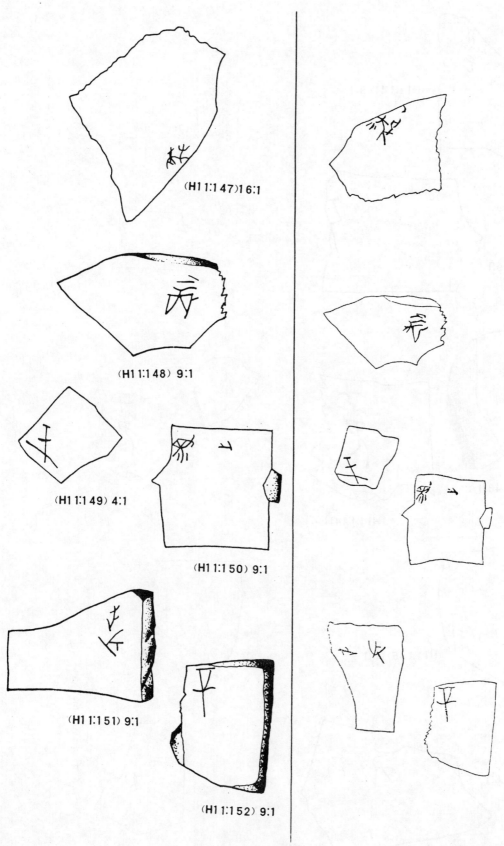

(H11:147)16:1

(H11:148) 9:1

(H11:149) 4:1

(H11:150) 9:1

(H11:151) 9:1

(H11:152) 9:1

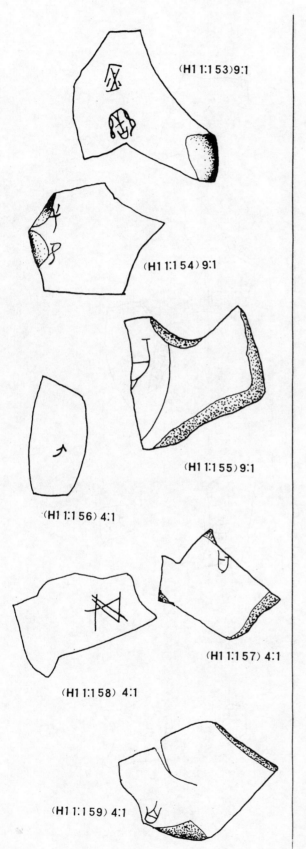

(H1 1:153)9:1

(H1 1:154)9:1

(H1 1:155)9:1

(H1 1:156) 4:1

(H1 1:157) 4:1

(H1 1:158) 4:1

(H1 1:159) 4:1

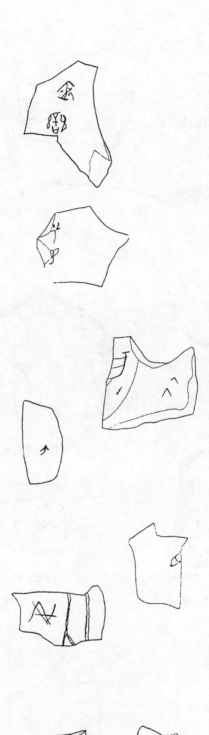

197

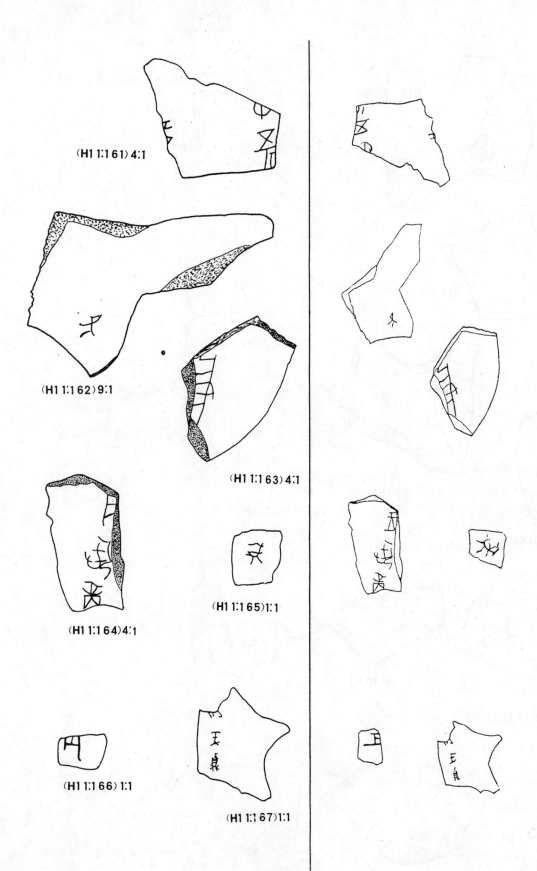

(H1 1:161) 4:1

(H1 1:162) 9:1

(H1 1:163) 4:1

(H1 1:164) 4:1

(H1 1:165) 1:1

(H1 1:166) 1:1

(H1 1:167) 1:1

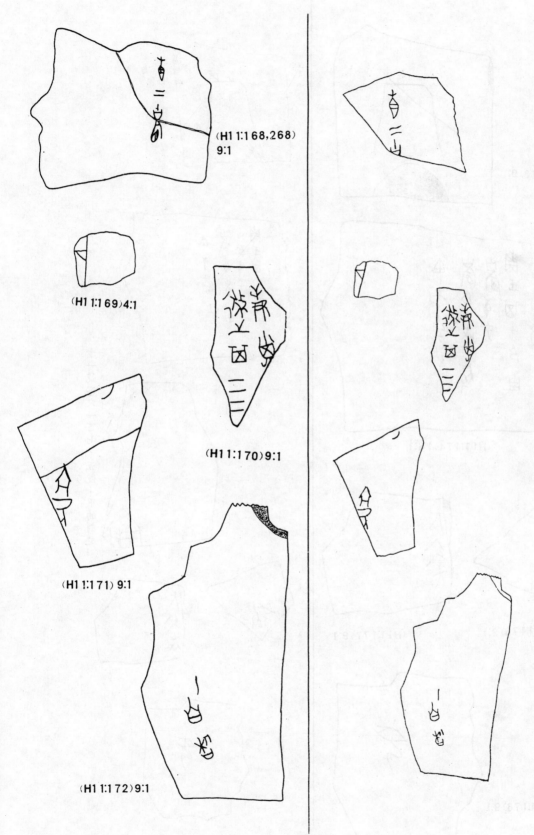

(H1 1:168,268)
9:1

(H1 1:169) 4:1

(H1 1:170) 9:1

(H1 1:171) 9:1

(H1 1:172) 9:1

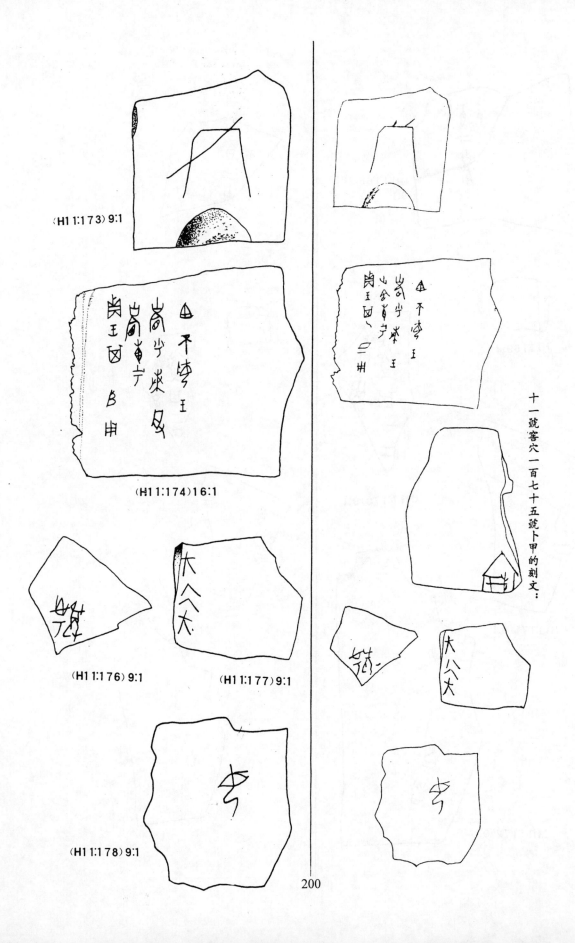

(H1 1:173) 9:1

(H11:174) 16:1

(H1 1:176) 9:1

(H1 1:177) 9:1

(H1 1:178) 9:1

十一號窖穴一百七十五號卜甲的刻文：

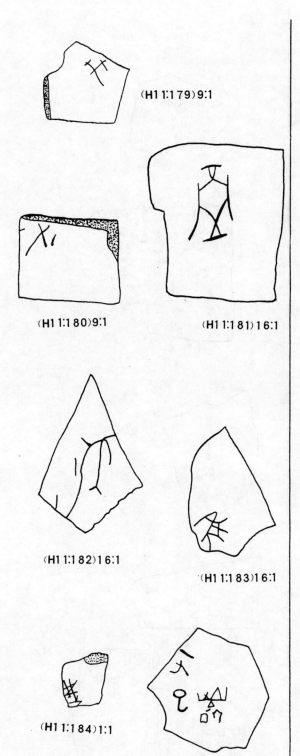

(H1 1:179) 9:1

(H1 1:180) 9:1

(H1 1:181) 16:1

(H1 1:182) 16:1

(H1 1:183) 16:1

(H1 1:184) 1:1

(H1 1:185) 36:1

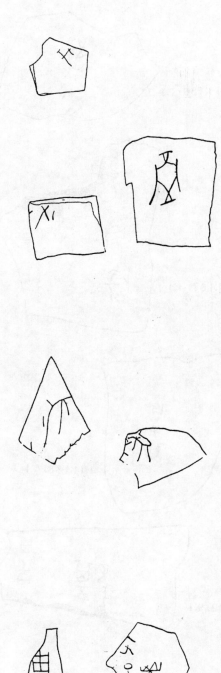

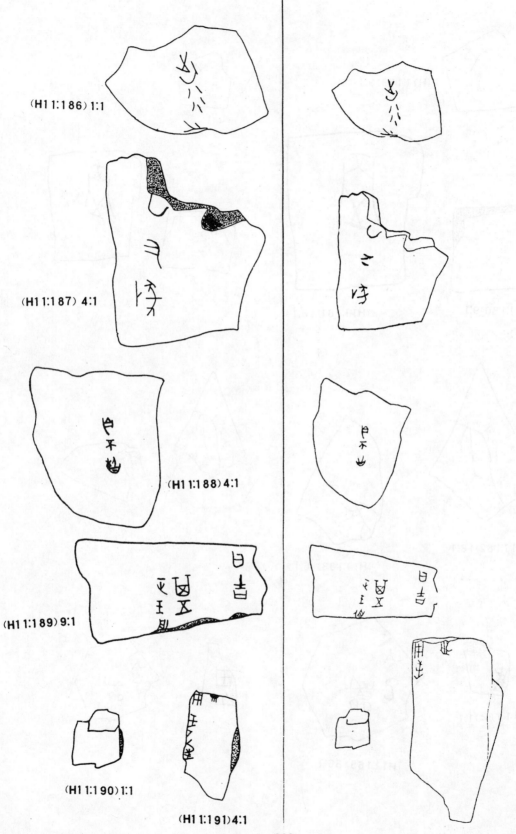

(H11:186) 1:1

(H11:187) 4:1

(H11:188) 4:1

(H11:189) 9:1

(H11:190) 1:1

(H11:191) 4:1

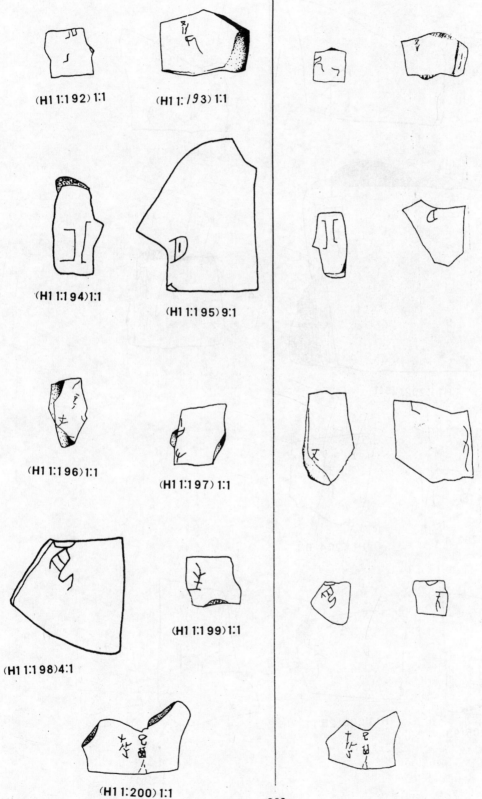

(H1 1:192) 1:1

(H1 1:193) 1:1

(H1 1:194) 1:1

(H1 1:195) 9:1

(H1 1:196) 1:1

(H1 1:197) 1:1

(H1 1:198) 4:1

(H1 1:199) 1:1

(H1 1:200) 1:1

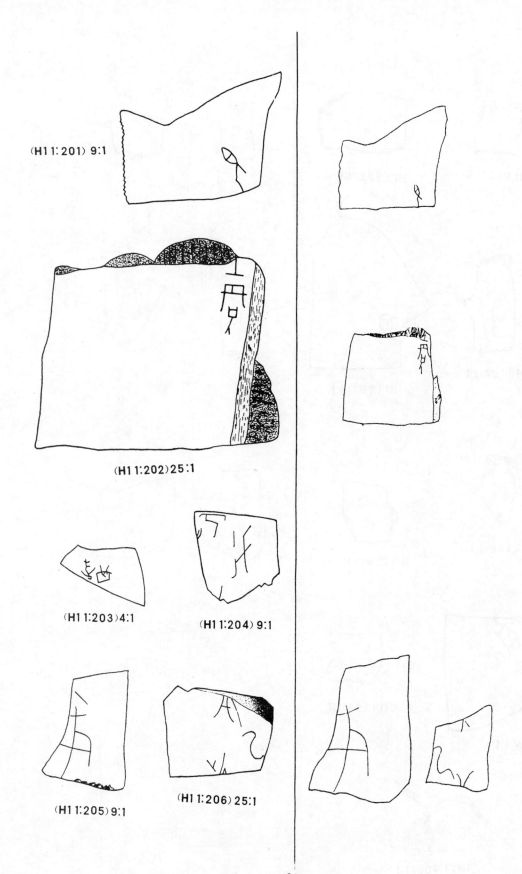

(H1 1:201) 9:1

(H1 1:202) 25:1

(H1 1:203) 4:1

(H1 1:204) 9:1

(H1 1:205) 9:1

(H1 1:206) 25:1

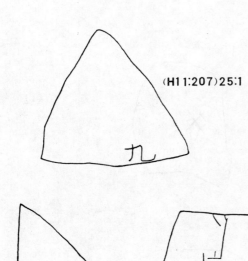

(H1 1:207) 25:1

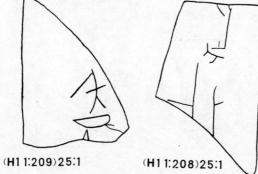

(H1 1:209) 25:1

(H1 1:208) 25:1

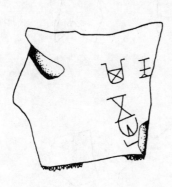

(H1 1:210) 25:1

(H1 1:212) 9:1

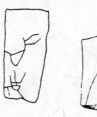

(H1 1:211) 36:1

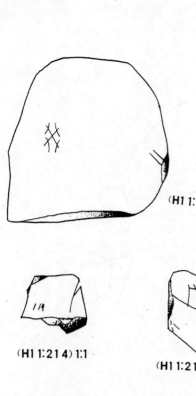

(H1 1:213) 9:1

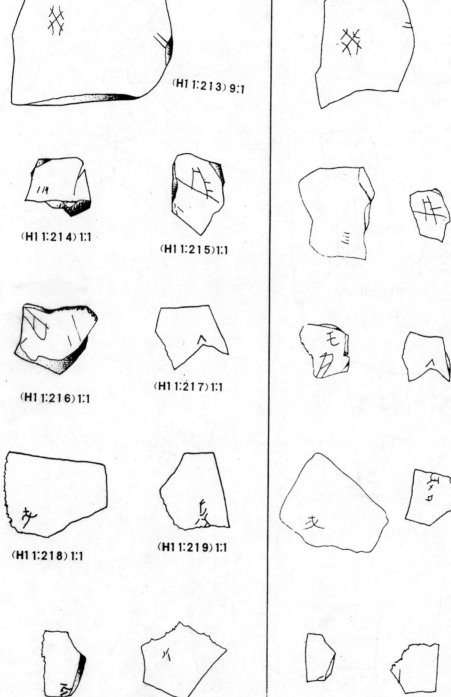

(H1 1:214) 1:1

(H1 1:215) 1:1

(H1 1:216) 1:1

(H1 1:217) 1:1

(H1 1:218) 1:1

(H1 1:219) 1:1

(H1 1:220) 1:1

(H1 1:221) 1:1

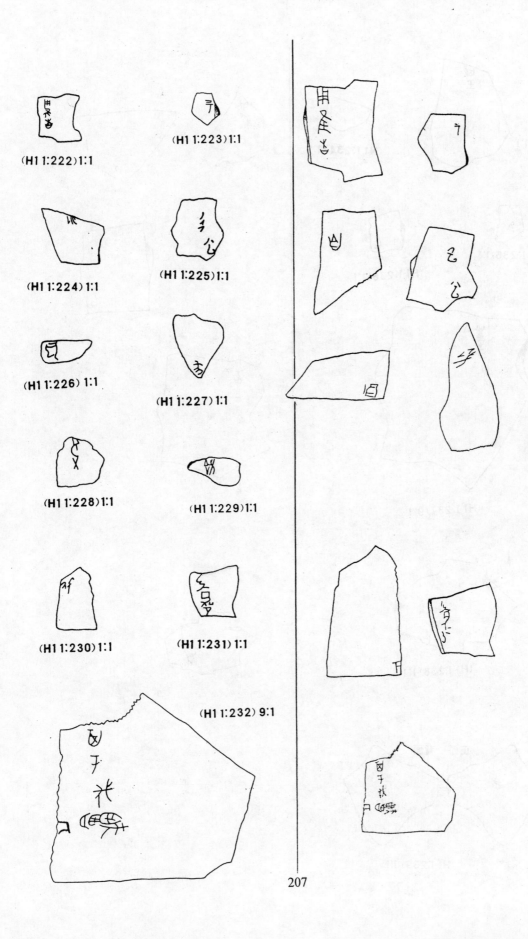

(H1 1:222) 1:1

(H1 1:223) 1:1

(H1 1:224) 1:1

(H1 1:225) 1:1

(H1 1:226) 1:1

(H1 1:227) 1:1

(H1 1:228) 1:1

(H1 1:229) 1:1

(H1 1:230) 1:1

(H1 1:231) 1:1

(H1 1:232) 9:1

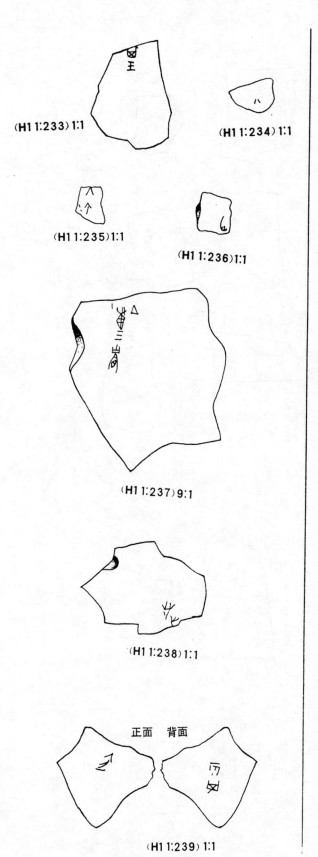

(H1 1:233) 1:1

(H1 1:234) 1:1

(H1 1:235) 1:1

(H1 1:236) 1:1

(H1 1:237) 9:1

(H1 1:238) 1:1

正面　背面

(H1 1:239) 1:1

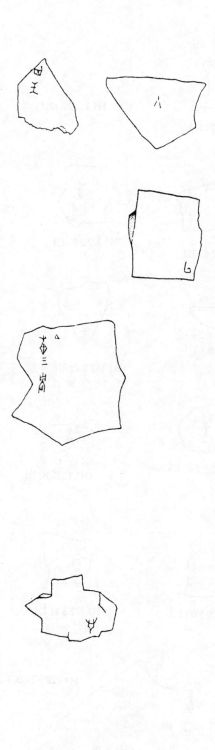

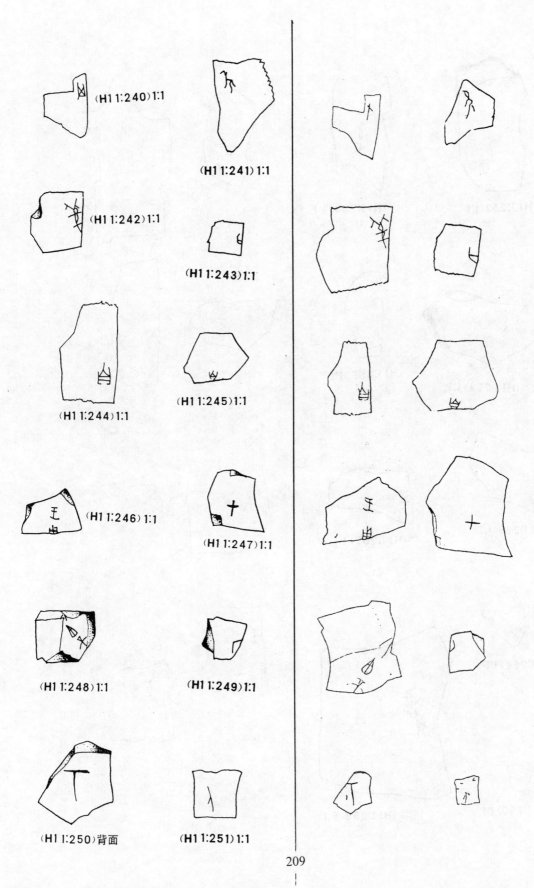

(H1 1:240)1:1

(H1 1:241) 1:1

(H1 1:242)1:1

(H1 1:243)1:1

(H1 1:244)1:1

(H1 1:245)1:1

(H1 1:246) 1:1

(H1 1:247)1:1

(H1 1:248)1:1

(H1 1:249)1:1

(H1 1:250)背面

(H1 1:251)1:1

209

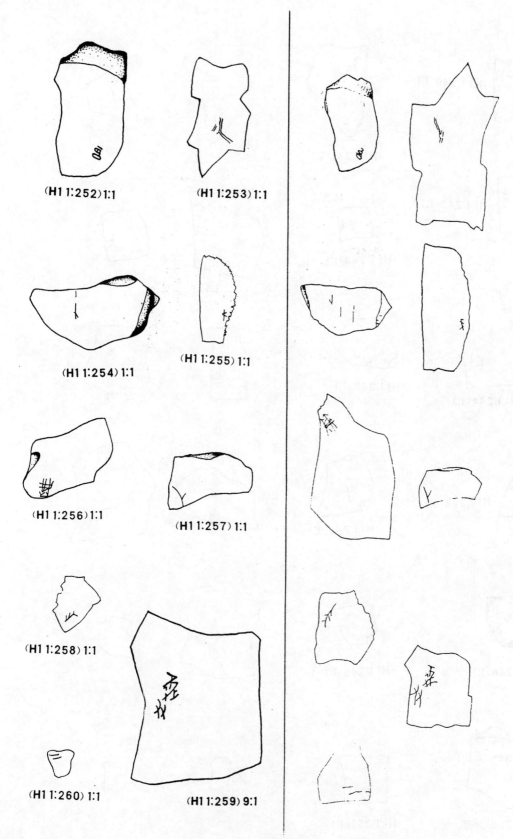

(H1 1:252)1:1

(H1 1:253)1:1

(H1 1:254) 1:1

(H1 1:255) 1:1

(H1 1:256)1:1

(H1 1:257) 1:1

(H1 1:258) 1:1

(H1 1:260) 1:1

(H1 1:259) 9:1

210

(H1 1:261)1:1

(H1 1:262)1:1

(H1 1:263)1:1

(H1 1:264)1:1

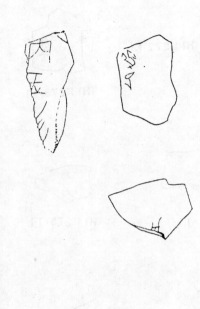

(H1 1:265)9:1

(H1 1:266) 1:1

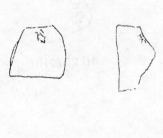

(H1 1:267) 1:1

(H1 1:269)1:1

(H1 1:270) 1:1

(H1 1:271) 1:1

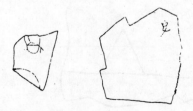

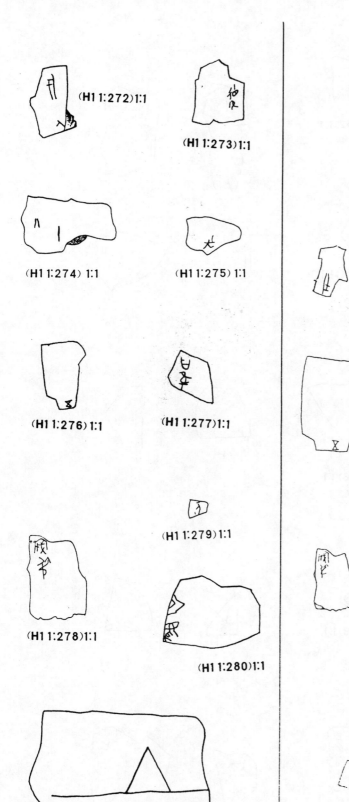

(H1 1:272)1:1

(H1 1:273)1:1

(H1 1:274) 1:1

(H1 1:275) 1:1

(H1 1:276)1:1

(H1 1:277)1:1

(H1 1:279)1:1

(H1 1:278)1:1

(H1 1:280)1:1

(H1 1:281) 18:1

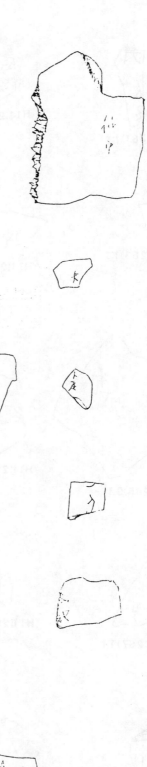

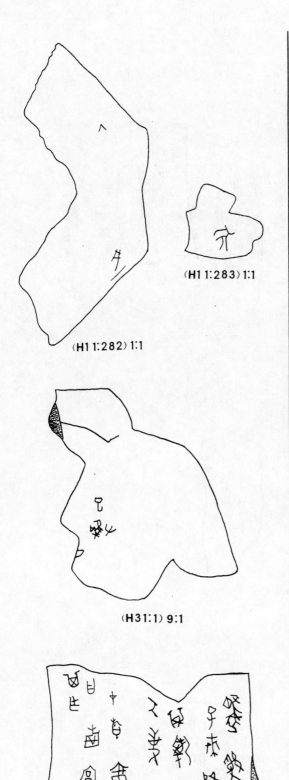

(H1 1:283) 1:1

(H1 1:282) 1:1

(H31:1) 9:1

(H31:2) 9:1

第十九片 (H31:3) 9:1

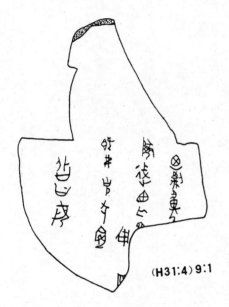

(H31:4) 9:1

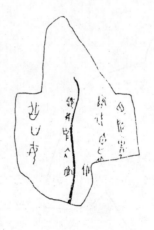

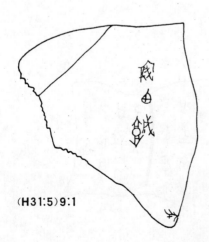

(H31:5) 9:1

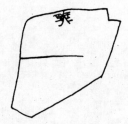

(H31:6) 9:1

(H31:7) 1:1

(H31:8) 1:1

(H31:9) 1:1

(H31:10背面) 1:1

215

國家圖書館出版品預行編目資料

周原甲骨研究

　／朱歧祥著. --初版. --臺北市：
　　臺灣學生，民86
　　　面；　公分
　　含索引
　　ISBN 957-15-0828-4 (精裝).
　　ISBN 957-15-0829-2 (平裝)

　　1.甲骨 - 文字

792.2　　　　　　　　　　　　　　　　86006932

周 原 甲 骨 研 究（全一冊）

著　　　者：朱　　　歧　　　祥
出 版 者：臺 灣 學 生 書 局
發 行 人：孫　　　善　　　治
發 行 所：臺 灣 學 生 書 局
　　　　　臺 北 市 和 平 東 路 一 段 一 九 八 號
　　　　　郵 政 劃 撥 帳 號〇〇〇二四六六八 號
　　　　　電話：三 六 三 四 一 五 六
　　　　　傳眞：三 六 三 六 三 三 四
本書局登
記證字號：行 政 院 新 聞 局 局 版 北 市 業 字 第 玖 捌 壹 號
有聲書登
記證字號：行 政 院 局 版 北 市 音 字 第 肆 貳 伍 號
印 刷 所 ： 常 新 印 刷 有 限 公 司
　　　　　地 址：板 橋 市 翠 華 街 8 巷 1 3 號
　　　　　電 話：九 五 二 四 二 一 九

定價　精裝新台幣三六〇元
　　　平裝新台幣二八〇元

西 元 一 九 九 七 年 七 月 初 版

80264　　　版權所有・翻印必究
ISBN 957-15-0828-4 (精裝)
ISBN 957-15-0829-2 (平裝)